魂の冒険

答えはすべて自分の中にある

高橋佳子 著

三宝出版

魂の冒険

答えはすべて自分の中にある

目次

第1章

出発――ユニバース体験を知る 27

第2章

導く力——指導原理を引き寄せる　87

第3章

目的地——人生はそのテーマを教えてくれる　115

第4章

心の力——創造力の主人になる　151

第5章

使命——光の増幅装置として歩む　183

第6章

覚醒——アクロス・ザ・ユニバース　221

第7章

実践——「チャージ・チェンジ・チャレンジ」から始めよう

プロローグ——魂の冒険へ

敗北の色濃《こ》く

凋落《ちょうらく》の時代——。今、私たちが身を置いている困難な時代をそう呼ぶべきかもしれません。行く手には暗雲《あんうん》が垂《た》れ込《こ》め、周囲にはそこはかとない敗北感が漂《ただよ》っています。

日本経済は長い間、自律的な回復の力を失《うしな》っており、長引く不況の下《もと》、経済的試練を抱《かか》えている人は少なくありません。

財政赤字は総額約九〇〇兆円、国民一人当たり七一〇万円に及《およ》び、GDP（国内総生産）では中国に第二位を明け渡すことになり、それを取り戻《もど》す未来は再び訪《おとず》れそうにもありません。

ウォークマンがiPod《アイポッド》に取って代わられ、ホンダがF1《エフワン》から撤退《てったい》し、世界シェア五〇％以上を誇《ほこ》っていた半導体産業は著《いちじる》しく衰退《すいたい》。シンガポールの証券取引所には二〇〇八年の時点で日本の十倍以上の外国企業が上場。横浜港や神戸港《こうべ》は、東洋の中心的なハブ港（拠点《きょてん》となる港）としての役割を釜山《プサン》や上海《シャンハイ》に奪《うば》われ、世界一だった家電業界もサムソンやLG《エルジー》などの韓国の企業にすでに追い抜《ぬ》かれたと指摘されています。

国力のためには欠かせない教育ですが、わが国の教育機関に対する公費支出の割合は、GDP比でわずか三・四％、OECD（経済協力開発機構）加盟国中、データのある二十八カ国の最下位であり、また、科学・工学系の博士号取得者数では今世紀に入って中国に抜かれ、アメリカの四分の一に過ぎないと言います。

経済大国と呼ばれていたことが嘘《うそ》のように、わが国は元気を失っています。繰《く》り返される政治の迷走も、そうした傾向に拍車《はくしゃ》をかけていると言えるでしょう。

人々の生活のことを考えても、収入は目減《めべ》りし、老後を支《ささ》えるはずの年金制度は崩壊《ほうかい》の危機に瀕《ひん》しています。自殺者が十二年連続で三万人を超え、孤独死は増加し、少子化《しょうしか》も進行している状況です。明るい話題は影を潜《ひそ》め、問題が山積《さんせき》するばかりです。

最大の危機は「冒険」の喪失《そうしつ》

そうした中では、多くの人々が様々な限界感を抱《かか》えてゆくことになるのではないでしょうか。もう生活水準の向上も見込《みこ》めないかもしれない。就職だって難《むずか》しい時期が続くだろう。仕事では生きがいを求められないかもしれない。世の中がよくなってゆくという感じがしない。安定はしていても停滞《ていたい》している。この先、自分の人生はどうなってゆくのか……。

将来に明るい気持ちを持てず、未来を希望あるものとして描《えが》けなくなっているということです。思い描くことができなければ、何かを生み出すことは難しくなります。今まで存在しなかったものでも、誰《だれ》かが心の中で描き出し、想像することができたから、人類の創造は果《は》たされてきたのです。想像できないとしたら、本当に未来はなくなってしまいます。

何より問題なのは、希望を持てなくなって、新たな挑戦ができなくなっていることです。リスクを冒《おか》すことを避《さ》け、既定《きてい》路線で安心しようとする。壁《かべ》を越えるより、こちら側で安定することを選ぶ……。つまり、冒険する心を失《うしな》ってしまっているのです。

冒険の喪失――。私はそれこそ、私たちが今、直面している最大の危機だと思わずにはいられません。

私たちはかつてこうして乗り越えてきた

わが国は過去、少なくとも二つの大きな敗北感に見舞《みま》われています。

一つは、江戸時代末期、突如《とつじょ》出現した黒船に象徴される圧倒的な西欧文明の力の前に屈《くっ》して、開国を余儀《よぎ》なくされたとき。もう一つは、第二次世界大戦で主要な都市が壊滅《かいめつ》的な打撃を受け、焦土《しょうど》と化した敗戦《はいせん》の経験です。

鎖国《さこく》時代を生きた人々の目に映った西欧文明は、どれほど巨大で自信を失《うしな》わせるに十分なものだったでしょうか。しかし、冒険心にあふれる志士たちが導いた維新《いしん》の後、西欧文明を必死で吸収し、列強諸国に近づこうと富国《ふこく》強兵政策を進めました。そして日清《にっしん》戦争、日露《にちろ》戦争を経《へ》て、その力を諸国に示すことになりました。

また、すべてを失った昭和の敗戦。焼け野原にどれほどの人々が呆然《ぼうぜん》と立ち尽《つ》くしていたことでしょう。しかし、そこから出発したわが国は、ベンチャー企業のチャレンジと人々の類稀《たぐいまれ》なる勤勉さによって、見事に復興を果《は》たし、後にジャパン・アズ・ナンバーワンとも形容されるほどの経済的発展で先進国の一画《いっかく》を占《し》めるようになりました。

認めがたかったはずの二つの敗北――。しかし、いずれの場合も、わが国は、その敗北を正面から受けとめ、それまでのやり方ではない生き方を選択することによって、乗り越えることができたのです。

それは、直面した現実を、ただのみじめな敗北にしなかったということでしょう。今日から見れば、その方向性に疑義《ぎぎ》があったとしても、自分たちが学ぶべきものを受けとめ、一つの進むべき方向を選び取りました。そして、いずれの場合にも、その歩みを牽《けん》引《いん》した一群《いちぐん》の志士たちがいました。

凋落《ちょうらく》としか思えない今の現実にも、道はあるということです。その現実は、私たちが新たにつくり出すべき未来を呼びかけています。

だからこそ、事態を正面から受けとめ、そこに響いている声に真剣に耳を傾《かたむ》けることを始めるべきではないでしょうか。そのとき、私たちは、これまでのやり方ではない、新しい生き方に挑戦することを促《うなが》されるでしょう。そしてそれは、一部の傑出《けっしゅつ》した人たちだけではなく、同時代に生きる多くの人々がともに挑戦すべきテーマなのです。

人間には外界に左右されない内なる可能性がある

どんなときでも、社会の動向や周囲の環境は、圧倒的な影響力を私たちに及《およ》ぼします。現在のわが国のように、社会が停滞《ていたい》し、低迷しているなら、多くのことが行き詰《づ》まり、人々は不安や圧迫感に苛《さいな》まれ、現実的な困苦《こんく》を抱《かか》えます。

そしてそれは、これから起こり得る様々な世界の変動、そこに訪《おとず》れる困難と試練のすべてに共通して言えることです。外側にある現実に大きく左右され、翻弄《ほんろう》されざるを得ないのが、私たち人間の宿命であるということです。

しかし、いかなる現実の下《もと》にあろうと、どのような試練に直面しようと、私たちはそれを乗り越える力を自分自身の中に持っているのです。外側の現実がどうであろうと、それに影響されない絶対的な、内なる可能性があるのです。

今ある私たちは、与えられた人生の条件から、一つの生き方、一つの人格を引き出しているだけです。その奥にはまだ未知の可能性が眠っています。人生の中で、置き忘れて眠っている可能性を引き出すことは、誰《だれ》にでもできるのです。

たとえば、私がお会いしたある経営者の方は、業績の低迷に社員を叱咤《しった》ばかりすることが自然で、それ以外の選択は考えもつきませんでした。しかし、自分の中にある人に対する不信感を発見し、それを改め、社員を信じて関わる新たな自分を生き始めたとき、驚《おどろ》くほど社員の方たちが自発的にアイデアを出し合い、仕事に責任を持って協力し始めた結果、業績も向上し、会社全体の雰囲気《ふんいき》もまったく変わってしまいました。

また、人生の途上《とじょう》で、普通なら生きる希望も失《うしな》ってしまうような重い病を抱えた方が、病の中でそれまでとは違う新たな人生と世界の見方を発見し、何倍ものエネルギーで、輝《かがや》くように人生最期《さいご》の日々を生きてゆかれたということもありました。

そして、本書で紹介させていただく方々──たとえば、右手の機能を失いながら、左手のピアニストとして新しい音楽世界を切り開いた舘野泉《たてのいずみ》氏（第2章）、隠居《いんきょ》の年齢から日本地図を完成させ、その正確さで欧米を驚嘆《きょうたん》させた伊能忠敬《いのうただたか》も、一事業家として出発しながら、戦場と遭遇《そうぐう》したことで国際赤十字社を一から創設《そうせつ》したアンリ・デュナン（第4章）も、国や時代が違っても、みな新たな生き方によって未知の内なる可能性を引き出した人たちにほかなりません。

今までにない生き方に挑戦するとき、本当に想像を絶《ぜっ》するほどの違いが生まれてきます。自分の能力を二倍、三倍にすることもできます。試練に堪《た》える力を驚くほどたくましくすることもできます。そして他の人たちに共感し、協力協調して問題を解決してゆくこともできます。だからこそ、人間の中にある計《はか》り知れない未知の可能性を、あなたにもぜひ引き出していただきたいと思うのです。

「人間は魂の存在」が出発点

そしてそのために、私たち人間を「魂の存在として受けとめよう」というのが本書の出発点です。

「魂の存在として受けとめる」ということは、「人間は肉体と魂から成り立つ」と捉《とら》えることです。その肉体と魂は、ともに計《はか》り知れないほどの広がりを抱《いだ》いているものです。

人間の肉体。それは、地球上の生命進化の究極《きゅうきょく》の姿を現す叡智《えいち》に満《み》ちたものです。この世界の物質をつくる元素は、すべて星の中で生成《せいせい》され、星が終焉《しゅうえん》を迎《むか》えるとき、超新星爆発によって宇宙に散らばったもので、私たちの肉体はその星のかけらが集まってできたものです。外宇宙《がい》――私たちの外側に広がる宇宙と同じ組成《そせい》を持ち、宇宙深化の記憶が刻《きざ》まれていると言っても過言《かごん》ではありません。私たちの肉体には限りない精緻《せいち》な物質の系譜《けいふ》が流れ込《こ》んできているのです。

では、魂はどうでしょう。魂とは、心とつながり、さらにその深奥《しんおう》に広がる存在です。肉体の基《もとい》である外宇宙が百億光年以上のとてつもない広がりを抱いているものならば、それに勝《まさ》るとも劣《おと》らない広大な内《ない》宇宙をもたらしているのが魂です。

仏教の一念三千《いちねんさんぜん》という言葉は、その広がりを示しています。魂につながる私たちの心・想いは、平和で満ち足りた天上界から苦しみばかりの地獄《じごく》界まで、あらゆる世界に通じています。心は幾重《いくえ》もの襞《ひだ》に包《つつ》まれ、無限の階調《かいちょう》を持った陰影《いんえい》に彩《いろど》られ、想いを生み出し続けています。普段《ふだん》気づいている表層の日常意識からは決して思い出すこともできないような、人生のすべての経験と記憶を刻んでいる深層の意識があることが知られています。

しかし、魂が抱いている内宇宙とは、それにとどまらないものです。魂の次元は過去・現在・未来が一つになり、自他の区別も超えるものです。魂とは、この人生だけではなく、永遠の生命として経験してきた幾度《いくど》もの人生の記憶と限りない智慧《ちえ》を湛《たた》えた存在であり、さらに私たち個人を超えた無意識の膨大《ぼうだい》な経験と記憶の貯蔵庫、宇宙の源《みなもと》と言うべき次元につながっているものです。

もし、私たちが、この魂が抱く豊かな経験と智慧のエネルギーを生かすことができるならどうでしょう。

本書の中で触《ふ》れる宇宙とは、人々が通常、思い描《えが》く物質だけの宇宙ではありません。外側にどこまでも広がってゆく外宇宙と私たちの内側に限りなく広がる内宇宙、見える世界と見えない世界、それらを包含《ほうがん》する宇宙の姿です。

あらゆる生命と存在を一つに結びつける、つながりと絆《きずな》が張り巡《めぐ》らされたその「宇宙」を、私は「ユニバース」と呼びたいと思います。

その「宇宙《ユニバース》」こそ、計り知れない広がりと深さを抱いている私たちの母胎《ぼたい》であり、だからこそ、私たち人間は、宇宙《ユニバース》に通じる豊かな智慧によって自《みずか》らが深化するだけでなく、世界と光の共鳴を果《は》たすことができる存在となるのです。

魂が引き出す宇宙《ユニバース》の力

魂と言われても、実感的に捉《とら》えることが難《むずか》しいと思う方もいらっしゃるかもしれません。もしそうだとしたら、こう考えていただきたいのです。

魂の存在を前提とするなら、私たちの世界と人生はどのように見えてくるのだろう、と。

私は、これまでの私自身の「魂の探求《たんきゅう》」を蓄積《ちくせき》してきた体系を「魂の学《がく》」と呼んでいます。「魂の学」が教える見方に立ったとき、新たに見えてくるものが必ずあります。本書を読み進めてゆく中で、ぜひそれを心深く味わっていただければと思うのです。

多くのみなさんは、偶然が支配する科学的な世界観の下《もと》で、自分は意味なく生まれ、世界と特別なつながりなど持っていないと思っているかもしれません。

しかし、そうではないのです。魂の次元に目を開いたとき、人はみな、あらゆる「つながり」によって生かされている「絆《きずな》」の塊《かたまり》となります。

目に見える物質の次元でも、また目に見えない意識の次元でも、絆は張り巡《めぐ》らされており、誰《だれ》もが生かされ、支《ささ》えられている存在です。そしてその絆の基《もとい》、宇宙《ユニバース》の源《みなもと》には、私たちが拠《よ》るべき、すべての解答とすべての青写真が湛《たた》えられているのです。

人間は、このような宇宙《ユニバース》の一部です。そしてだからこそ、私たちはその宇宙《ユニバース》の力を引き出すことができます。魂が自由に解放され、持てる可能性が開かれるとき、私たちは宇宙《ユニバース》につながって、その宇宙《ユニバース》の力をチャージすることができるということです。

世の中が大きな閉塞感《へいそくかん》を抱《かか》える今こそ、私たちは、自分の中から宇宙《ユニバース》の力を引き出すときなのではないでしょうか。宇宙《ユニバース》が人生を導いてくれます。その宇宙《ユニバース》とつながる私たち――。答えはすべて私たち自身の中にあるのです。

さあ「魂の冒険」を始めよう

もしあなたが今、何らかの限界感を感じているなら、自分が宇宙《ユニバース》につながる魂の存在であることを思い出してほしいのです。

すべてを湛《たた》える宇宙《ユニバース》は、私たちの外側だけではなく私たちの内側にも広がり、そして私たち自身が宇宙《ユニバース》の一部です。私たちはすべてを抱《いだ》いているのです。尽《つ》きることのない可能性も、未来を自由に描《えが》く力も、そしてそれを現実にしてゆく具現《ぐげん》の力も……。

その原点に立つことができれば、きっと新たな可能性が見えてきます。今の時代の閉《へい》塞《そく》状況も、将来、私たちの世界が抱《かか》える問題も、一人ひとりが引き出す宇宙《ユニバース》の力が共鳴《きょうめい》するなら、解決できないものはありません。自分の中にあふれる宇宙《ユニバース》の力を信じ、それを引き出す歩みを始めるときがきているのです。

それこそ、今、私たちが求めるべきものです。宇宙《ユニバース》につながる魂として、新たな冒険を始めること――。人生を「魂の冒険」として受けとめ、魂の広がり、魂の力を求める旅に出ること――。

もちろん、何の準備もなく冒険に踏《ふ》み出せば、道を見失《みうしな》い、漂流《ひょうりゅう》することは目に見えています。冒険には、いくつもの智慧《ちえ》が必要です。

本書が提供するのは、冒険に対する心構えであり、そのための智慧にほかなりません。そして、私は、本書があなたの「魂の冒険」のガイドになると信じています。それがどのような道のりになるのか、私たちがこれから辿《たど》ってゆく「魂の冒険」を一望《いちぼう》しておきましょう。

第1章は、出発——ユニバース体験を知る。世界がどれほどの試練に見舞《みま》われ、閉塞《へいそく》しようと、人間は、それを乗り越えてゆく絶対的な可能性を抱いていることを示します。その根拠は、一部の傑出《けっしゅつ》した人たちだけではなく、多くの人々が人生の中で遭遇《そうぐう》している、宇宙とつながる「ユニバース体験」です。私たちがその「ユニバース体験」と出会うのが「魂の冒険」にほかなりません。

第2章は、導く力——指導原理を引き寄せる。私たちの「魂の冒険」を導いている力——「指導原理」に目を開こうと誘《いざな》います。私たちが生きている世界には、一切《いっさい》を崩壊《ほうかい》・無秩序へと運んで、ものごとを台無しにしてしまう圧倒的な流れがある一方で、それとは逆に、よりよい方向に、秩序へと導く流れがあります。私たちの冒険には、その流れを引き寄せることが必要です。

第3章は、目的地——人生はそのテーマを教えてくれる。「魂の冒険」が私たちの人生をどこに運んでゆくのかを考えてゆきます。人生とは偶然の産物ではなく、そこには隠《かく》れた意図《いと》があります。出会いと出来事をつないでいる一本の糸を見出《みいだ》すことができるなら、私たちは人生のテーマを発見することができるのです。

第4章は、**心の力——創造力の主人になる。**私たちの心には、あらゆる現実を生み出す力があります。無数の建築物や電子機器、現代社会を支《ささ》える交通や通信など様々なシステムのすべて、そして人生の深化も人生の転換も、みな人間の心が生み出したものです。そして、創造とは、無《む》から有《ゆう》を生み出すことではなく、すでに魂の次元にある青写真を具現すること。その青写真にアクセス（接近）する大切さを学びます。

第5章は、**使命——光の増幅装置《ぞうふくそうち》として歩む。**光と闇を抱く私たち人間に託《たく》されている使命に迫《せま》ってゆきます。光と闇は、人間にとって永遠のテーマにほかなりません。光と闇を抱くからこそ、闇を浄化して光に転換し、光の増幅装置となって、世界に光を発《はっ》することができることを見つめます。

第6章は、**覚醒《かくせい》——アクロス・ザ・ユニバース。**私たちの魂としての歩みを壮大なパノラマのように見はるかす章です。今の人生がどれほど限界を抱《かか》えていようと、私たちは誰《だれ》もが、様々な時代、国と場所で、異《こと》なる人生を何度も経験しながら、見える世界と見えない世界を往《ゆ》き来し、膨大《ぼうだい》な経験の記憶と智慧《ちえ》を湛《たた》えている魂の存在です。そして、与えられた人生の条件の中で、いかに自《みずか》らを錬磨《れんま》し、どうしても果《は》たしたい願いに近づいてゆくか、それこそが「魂の冒険」であることを知るのです。

そして、第7章は、**実践――「チャージ・チェンジ・チャレンジ」から始めよう。**人生は「魂の冒険」であり、その冒険のフィールドにいつでも立ち戻《もど》ることができるのが、チャージ・チェンジ・チャレンジというステップです。つまり、本当の願いにつながって新しい自分になり、新しい現実を生み出す挑戦を果たしてゆくのです。

さあ、用意は整《ととの》いました。あなたが、あなた自身の「魂の冒険」に新たな一歩を踏《ふ》み出すときがきています。

二〇一〇年九月一日

高橋佳子

第1章

出発

――ユニバース体験を知る

「その場所」は
世界の果《は》てのさらにその向こうにあるが
同時に、私たちの目の前
手を伸ばせばすぐに触《ふ》れることができるところにある。
「その場所」を発見することはきわめて困難であるが
ひとたび見出《みいだ》せば、
それは常《つね》にあり、ここにあり、そこにもある。

「その場所」は
あらゆる物質のソースコードを記録し
休むことなく刻々と、極微《きょくび》の粒子《りゅうし》群の生成消滅《せいせいしょうめつ》を管理する。
同時に、永遠の時間を通して
極大《きょくだい》の大銀河を運行させる大いなる力を生み出している。
コペルニクスも、ニュートンも、アインシュタインも
「その場所」に触れることによって
ミクロとマクロを貫《つらぬ》く神秘を言葉に表す術《すべ》を知った。

「その場所」は
物質と精神が矛盾《むじゅん》なく織《お》りなされる次元――。
物質のソースであると同時に、精神のソフィアである。
「その場所」では
人類の叡智《えいち》の泉が大切に伝承《でんしょう》され
歴史形成の理由――あの歓《よろこ》びと哀《かな》しみが生まれた原因が刻《きざ》まれ
あらゆる人類の魂の戸籍《こせき》が残されている。

「その場所」を尋《たず》ねないかぎり
我《われ》らは、何ら次の時代を開く設計図を持ち得ることはない。
イエスも、ブッダも、あらゆる聖人と呼ばれた人たちが
そのソフィアの森を訪《おとず》れ、そこで直観を得て
そこから新しい歴史、新しい人類を生み出すための智慧《ちえ》を汲《く》み出した。

そこは、世界でもっとも不可思議《ふかしぎ》な場所であると同時に
誰《だれ》もが知っている懐《なつ》かしき魂の故郷《こきょう》——。
その場所を、「ユニバース」と呼ぶ。

新しい時代は、常《つね》に冒険者たちの挑戦によって開かれてきた。
未踏《みとう》の大地を前にした冒険者たちの心に想いを馳《は》せてみよう。
その心には、鮮烈《せんれつ》なる志《こころざし》と同時に
未知なるものに対する限りない畏《おそ》れがあったに違いない。
その背中を押して、彼らを冒険へと向かわせたもの――。
それはほかでもない
「ユニバース」に対する限りない憧《あこが》れであり
揺《ゆ》るぎない信頼であった。

冒険の始まり――。
そこには、今も常《いつ》も、「その場所」につながる体験――
ユニバース体験がある。

英雄の冒険

世界の神話や古代の物語には、必ずと言ってよいほど、英雄の冒険が含《ふく》まれています。その冒険の物語の多くは、蛮族《ばんぞく》や怪物《かいぶつ》、魔物《まもの》と勇敢《ゆうかん》に闘《たたか》ったり、王女や人々の命を救ったりするものですが、それだけではなく、精神的な冒険と呼ぶべきものもあります。日常的な精神の領域を越えた場所に踏《ふ》み入り、その経験から何かを学び吸収し、そのメッセージを人々にもたらすのです。

自分が住んでいた世界から出発して、深淵《しんえん》に下《くだ》り、高みへ上《のぼ》り、遙《はる》か彼方《かなた》に辿《たど》り着く。そこで自分の世界では出会えなかったものに出会い、それを抱《いだ》いて元の世界に戻《もど》り、その恩恵を伝えてゆく……。

たとえば、ギリシャ神話のプロメテウスは、神々の世界の火を盗《ぬす》むことによって、人間の世界に欠けていた叡智《えいち》をもたらすことになりました。

同じ神話に描《えが》かれた、トロイア戦争の英雄アイネイアスは、「祖先の地をめざせ」との託宣《たくせん》を受けた旅の途上《とじょう》で父アンキーセースを病で失《うしな》ってしまいますが、祖先の地イタリアで、巫女《みこ》イビュラの助けを得て、死の河を渡り、地下界に辿り着くことができます。そしてついに亡《な》き父親の精霊《せいれい》と話をすることに成功し、関わる魂たちの運命と、自《みずか》らが築《きず》こうとしていたローマの運命、そしてその運命を切り開く智慧《ちえ》を得て、それをもってこの世に還《かえ》ってきたのです。

古代メソポタミアに記《しる》された永遠の生命を求めて旅するギルガメシュの冒険――。無二《むに》の親友を亡くしてしまったギルガメシュは、不老不死《ふろうふし》の薬草を求めて、様々な冒険を繰《く》り返します。やがて苦難の末にその薬を手に入れますが、蛇《へび》にその薬を飲まれてしまい、失意のまま故郷《こきょう》に戻《もど》ってきます。しかし、ギルガメシュは、その多くの体験を通じて、人として智慧深く成長したのです。

英雄の冒険の始まりには、共通する一つの前提があります。それは、大切なものを奪《うば》われたり、失ったり、あるいは普段《ふだん》の自分には何かが欠けているという喪失《そうしつ》や欠損《けっそん》の状態から冒険が始まるということです。

自ら意識して、その失い欠けている何かを取り戻そうと出発する英雄もいます。一方で、自分ではそれと気づかないまま、冒険に投げ込《こ》まれてしまうという場合もあります。

どの場合も、英雄たちは、冒険に旅立ち、その喪失や欠損を取り戻すために、いくつもの試練に直面し、肉体的、精神的な成長とともに、それを乗り越えてゆきます。そして救いや恩恵をもたらし、それは、ときに人々や世界を一変《いっぺん》させてしまうほどの影響を与えるのです。

しかし、それらの英雄の冒険物語がどれほどドラマチックで魅力的であろうと、「私の人生とはかけ離れた話に過ぎない」と思う方は少なくないでしょう。私たちの日常は平凡で、大した意味はないものに思えるからです。朝起きて、会社や学校に出かけ、家に戻ってきて、夜がくれば床《とこ》につき、朝、再び目覚《めざ》めると、また同じような一日がやってくる――。結局、同じことの繰《く》り返しのように見えるのです。

でも本当にそうでしょうか。私は、そうは思いません。

もちろん、私たちは、神話や伝説の中の英雄ではありません。しかし、私たちの人生は、どれ一つ例外なく、冒険としか言いようのない構造を持っていて、私たちは、日々、その冒険を生きています。私たちの中には、冒険する魂が確かに息《いき》づいているのです。

なぜ人生が冒険なのか——「忘却《ぼうきゃく》」という始まり

魂は、この世界に生まれ落ちて、人生を営《いとな》みます。それも、一度だけではありません。異《こと》なる時代、異なる国で、様々な条件を背負って幾度《いくど》となく人生を経験し、そこで多くの智慧《ちえ》を得て、それを内に蓄《たくわ》えているのです。

そして魂には、その魂がどうしても果《は》たしたい「願い」と、なぜこの世界に生まれてきたのかという「理由」、そしてこの人生でなければならなかった「必然」が刻《きざ》まれています。言うならば、魂とは、その「願い」「理由」「必然」の塊《かたまり》なのです。

しかし、私たちは、この世に生まれてくるとき、人生を新たに一から始めるために、一切《いっさい》を「忘却」しなければなりません。多くの経験の記憶もそこで得た智慧も、人生で求めるべき目的や使命のことも、自分が宇宙《ユニバース》とのつながりの中に生かされていることも、すべて忘れてこの地上に生まれてくるのです。

この忘却のしくみこそ、「人生の第一原理」と言うべきものです。なぜなら、その「忘却」が人生を大きく方向づけてしまうからです。

魂として願っていたこと、過去の人生で後悔を刻み、絶対に繰《く》り返したくないと心に誓《ちか》ったこともすべて忘れてしまう――。そんな「喪失《そうしつ》」から出発した結果、いったい私たちはどうなるでしょう。

空《から》っぽのようになった私たちは、そこにあるものをそのまま何でも吸収します。そして、条件として与えられたはずの生まれ育ちに支配されざるを得なくなるのです。両親の生き方や価値観に縛《しば》られ、地域のしきたりや慣習に呑《の》み込《こ》まれ、時代の価値観に染《そ》まってゆきます。両親が価値を置くものに、そのまま価値を感じるようになります。親が人間不信を抱《かか》えていればそれをそのまま引き受けて、多くの場合、私たちは不自由な現実を囲《かこ》うことになります。

もともと自分の見方でも考え方でもなかった「幾百幾千《いくひゃくいくせん》の他人」の生き方を吸収し、それを自分だと思い込んで「我《われ》ならざる我」をつくってゆくのです。

たとえば、親戚《しんせき》の人たちに対する印象、政治的な信条（共感する政党）、職業観、人との関わり方……など、知らない間に両親や近くにいた大人たちからの影響を大きく受けているのではないでしょうか。

「魂としての自己」「もともとの自分」を忘れて、そのような「我ならざる我」に人生の選択を任《まか》せてしまっている――。当然、私たちは、多くの困難と試練に遭遇《そうぐう》することになります。自分で自分の現実を選択することができません。魂が本当に願っているることとはかけ離れた「願い」を抱《いだ》いてしまったり、理想を掲《かか》げても現実とのギャップに引き裂《さ》かれてしまったりします。突然、災《わざわ》いが降《ふ》りかかり、混乱に巻き込まれてしまうことはやむを得ないことなのです。

それだけの大きなリスクを元から負《お》っているのが私たちの人生――。

だからこそ、人生は「魂の冒険」となるのです。私たちは、自分では気づかずとも、すべてを忘却するところから人生を始め、その喪失を取り戻《もど》し、道なき道を切り開こうと冒険の人生を歩んでいるのです。

そして、すべての魂は、たとえどのような不自由を抱《かか》えようとも、どのような試練に出会おうとも、生まれることを強く願って、この世界に飛び込んでくる――。それが、私たち一人ひとりです。

すべてを変えてしまう体験がある

「我《われ》ならざる我」として歩まなければならない私たちの人生は、まず例外なく、起《き》伏《ふく》に満ちたものとなります。周囲や世間の目に呑《の》み込《こ》まれて、事態の一つ一つに一喜《いっき》一憂《いちゆう》し、たとえ懸命《けんめい》に生きたとしても、多くの人が人生を漂流《ひょうりゅう》するような生き方を余《よ》儀《ぎ》なくされます。

しかし、あるとき突然、その私たちが、求めるべきものを悟《さと》ってしまうことがあります。「我ならざる我」だった私たちが、一瞬にして、自分が向かうべき場所を知り、自分が何者であるかを感じ取ってしまう体験があるのです。

ご覧になった方も少なくないと思いますが、スティーブン・スピルバーグ監督の映画『未知との遭遇《そうぐう》』には、その体験が印象的に描《えが》かれているように思います。そこには、心にわき上がってくる説明のできない強烈なヴィジョンに捕《と》らえられて、それ以降、憑《つ》かれたように、特徴的な台形状の山の形をつくり出そうとする主人公が出てきます。

気がつくとマッシュポテトやシェービングクリームでその山の形をこしらえ、いつの間にか自宅の一室に巨大な山の模型《もけい》をつくってしまう。そんな状態に、家族は嫌気《いやけ》がさして出て行ってしまうのですが、映画の終わりに、その山が、実は地球外生命とのコンタクトの場所であるデビルズタワーという山であることが明らかとなり、主人公は巨大な宇宙船から降《お》りてきた宇宙人たちとともに、宇宙に飛び立ってゆくことになります。

主人公のヴィジョンは、彼が赴《おもむ》くべき場所を知らせ、宇宙に旅立つ彼の運命を指し示すものでした。つまり、主人公にとってヴィジョンに感応《かんのう》した瞬間こそ、すべてを教える体験だったのです。「一瞬にして私たちが向かうべき場所を知り、自分が何者であるかを感じ取ってしまう体験」とは、まさにこの主人公を襲《おそ》ったヴィジョンの一《いち》撃《げき》のようなものでしょう。

『背教者《はいきょうしゃ》ユリアヌス』などの作品で知られる作家の辻邦生《つじくにお》氏（一九二五～九九）は、「三つの啓示《けいじ》に寄せて」という一文の中で、自身が、文学の根拠を求めて遍歴《へんれき》していたさなかに、ギリシャのパルテノン神殿《しんでん》で光に射貫《いぬ》かれ、パリのセーヌ川の橋の上で世界と一体になり、そして同じパリの国立図書館に展示されていたリルケの詩集の一句に美の絶対性を確信するという三つの決定的な体験を得たと言っています。その中のセーヌ川での第二の体験について書かれている部分を見てみましょう。

「その二つは、ギリシャ旅行の翌年の春の夕方、パリの国立図書館からの帰り、セーヌ川にかかるポン・デ・ザール（芸術橋）の上に立っているときに起こった。その日は朝から本を読んでいたので、私は疲れて、橋からぼんやりシテ島やノートル・ダムやルーヴルを眺《なが》めていた。そのとき突然、私の身体《からだ》が透明な球になって、みるみる大きく膨《ふく》らみ、セーヌも、ノートル・ダムも、パリの街々も、この大きな透明な球に包《つつ》まれるのを感じた。私はまるで気球に乗ったように眼の下に連《つら》なるパリの街々を眺めた。そして『あ、これは私のセーヌだ、私のノートル・ダムだ、私のパリだ』と叫《さけ》ばないではいられなかった。それまでこの現実は、私の外側に、何の感動もなく拡《ひろ》がっていた。それなのに、その瞬間、世界は私の内側に転入していた。何かとても親しい大事なものとなって、両腕で抱《かか》えこんでいるような気がした。どんな遠いものも、どんな小さなものも、すべて〈私の世界〉のなかの住民だった。そう思った瞬間、ギリシャのときと同じような歓喜《かんき》が全身に湧《わ》き上がった。……」

自分と別々に存在していた世界が一つであることを感じてしまう体験――。そして、その体験を含《ふく》めた三つの体験は、辻氏の未来を決定するような大きな意味をもたらしたのです。辻氏はこう書いています。

「……一挙に、溟濛《めいもう》の霧《きり》が晴れるのを感じた。それは、さらになおさまざまな試行《しこう》錯誤《さくご》をともなったが、すすむべき方向はそのとき定められていたといってよかった」

そこで感じたことが、その後の辻氏の文学の中心になっていったのです。

それは宇宙《ユニバース》につながる瞬間

辻氏とはまったく異《こと》なる分野でありながら、その体験にそっくりの体験をする人たちがいます。それは、足ヒレだけをつけて、自分の呼吸で潜水《せんすい》するフリーダイビングという競技で、グラン・ブルーと呼ばれる百メートルを超える深さに潜水するダイバーたちです。

数多くの選手たちの中でグラン・ブルーの海に潜水できるのは、世界でも二十人に満《み》たないごく一握りの人たちですが、彼らはそこで、競技であることを超えて、海との特別な一体感を味わっているのです。自分と海の境《さかい》がなくなって一つに溶《と》け合うようになり、瞑想《めいそう》するように自分の意識が内側に向かってゆくと言います。

「海の中へと潜《もぐ》ってゆくのに、まるで宇宙空間に昇《のぼ》ってゆくような感覚になる。（自分は）生かされていると（感じ）、自らの生命に対する感謝があふれてくる」

「海が自分を小さな赤ん坊に引き戻《もど》してゆくような不思議な感覚、あれを一度味わうとまた深く潜りたくなる。自分は海の中に生きる生き物ではないが、海の底が自分の本当の居場所だと思えるくらいの歓《よろこ》びと快感がある」

極限的な状況の中で、肉体の限界を超えて新たな閾《しきい》に踏《ふ》み込《こ》む瞬間。そのとき、彼らは、自分の内から限界を超える力がみなぎってくるだけではなく、自分を取り囲《かこ》んでいた世界に密着し、かつてない親しい結びつきを感じています。意識が冴《さ》えわたり、世界がそれまでとはまったく違う姿を現すのです。

そして、それらはさらに、宇宙船に乗って地球の重力圏外《けんがい》に飛び出した宇宙飛行士たちが遭遇《そうぐう》した神秘的な体験ともぴったりと重なり合うかのようです。

多くの宇宙飛行士が、宇宙空間から地球の全体像を眺《なが》め、それまでとはまったく異なる世界に対する感覚を味わっています。自分を超える大きな生命の存在を感じ、自分がその巨大な生命の一部であることを直感しているのです。その中の一人、アポロ十四号に乗船したエドガー・ミッチェル飛行士は、ドキュメンタリー映画の中でこう言っています。

「最高の歓びは帰路に待っていた。コックピットの窓から二分ごとに地球、月、太陽、三六〇度の宇宙空間のパノラマが見えた。それは、見渡す限りの広大な宇宙空間。圧倒されるような経験だった。そして突然気づいた。自分の肉体の分子も、宇宙船の分子も、クルー仲間の肉体の分子も、その原形は、遙《はる》か昔に宇宙でつくられたものなのだと。それは、すべてがつながっているという一体感だった。他人も自分もなく、万物はすべてがつながっていて同じ一つのものなのだ。私は恍惚《こうこつ》感に包《つつ》まれた。真《しん》の自己に、悟《さと》りに、触《ふ》れたのだ」

辻氏、ダイバー、宇宙飛行士の体験に共通するのは、つながりに満ちた世界の再発見であり、すべてを変えてしまうようなインパクトでしょう。

それは、私たちがそれまでの人生の中で培《つちか》ってきた世界に対するいつもの感覚や常識的な世界像を超えて、宇宙の本当の姿——プロローグで触れた宇宙《ユニバース》につながる体験であり、自分という存在が、見えない絆《きずな》が張り巡《めぐ》らされた宇宙《ユニバース》の一部であることを感じ取る体験です。

ですから、その体験を、私は「ユニバース体験」と呼びたいと思うのです。

見える物質次元の宇宙を超えて、見えない次元で絆を結び合う宇宙《ユニバース》。内なる宇宙と外なる宇宙が一つになった宇宙《ユニバース》とつながり、その一部であることを感じ、そこから多くの叡智《えいち》を引き出して生きることができる体験こそ、私たちにとってのユニバース体験なのです。

ブッダ、イエスの悟《さと》りもユニバース体験だった

ユニバース体験とは、私たち人間が生きる道に、決定的な意味をもたらす体験にほかなりません。だからこそ、人が生きるべき道を尋《たず》ねた多くの宗教者も、ユニバース体験をその歩みの大きな転回点としています。

たとえば、偉大な宗教的指導者であったブッダとイエスの存在。ブッダの悟り――「宇宙即我《うちゅうそくわれ》」も、イエスの悟り――「神は愛」も、ユニバース体験と言えます。

ブッダは、ガンジス河のほとりに坐《ざ》して、心の絶対的平安に至《いた》り、意識が自《みずか》らの身体《からだ》をはみ出して広がってゆき、宇宙と一体になる大悟《たいご》の瞬間――「宇宙即我」の体験をしました。

そのとき、ブッダは、自らの意識と肉体が宇宙世界と分かちがたくつながっていることを悟ったのです。極微《きょくび》から極大《きょくだい》、内界から外界、過去から未来までが精緻《せいち》な法則で貫《つらぬ》かれ、一つに結びついている――。すべての現実は一時としてとどまることなく移り変わり、あらゆる存在と出来事は孤立することなく多くの関わりに結ばれている。その事実を受けとめたとき、私たちは煩悩《ぼんのう》の炎《ほのお》を消し去った心の平安に至ることができる。その「諸行無常《しょぎょうむじょう》」「諸法無我《しょほうむが》」「涅槃寂静《ねはんじゃくじょう》」という教えの根本も、宇宙《ユニバース》の感覚からもたらされたものにほかなりません。

イエスもまた、砂漠で四十日四十夜《や》を過ごし、祈りの時を重ねながら、神の意志を感じ取り、人々が想像もしなかった新しい神の姿を直観しました。神とは、怒《いか》る神でも裁《さば》く神でもなく、愛する神であると示したのです。

その神の姿自体が、新しい世界の姿であり、宇宙《ユニバース》に連《つら》なるものでしょう。そして、そのまなざしから生まれた「野のユリを見よ。ソロモンの栄華《えいが》さえ、この装《よそお》い、この花に遠く及《およ》ばない。……」という印象的な聖書の言葉は、まさにその証《あかし》のように輝《かがや》いています。

ブッダやイエス以外にも、多くの宗教者や芸術家たちが宇宙《ユニバース》に連なる体験を重ねています。熊野や室戸《むろと》岬《みさき》で天地につながった空海《くうかい》（七七四～八三五）、自然と親しみ、友人のように鳥たちと話をしたアシジのフランシスコ（一一八一頃～一二二六）、大自然の姿に霊感を得て情熱的な詩を遺《のこ》した詩人のバイロン（一七八八～一八二四）……彼らの体験もみなユニバース体験と言えるものでした。

ユニバース体験とは、一瞬にして、すべてを変えてしまう体験です。自分が生きている意味はこのことだった。自分はこのために生まれてきた。自分の居場所はここだった。瞬間的に、人生の目的を悟り、世界の全体、宇宙《ユニバース》と自分のつながり、神との絆《きずな》を知ってしまう体験です。つまり、ユニバース体験とは、私たちの「魂の冒険」にとって、究極《きゅうきょく》の体験なのです。

あなたの人生にもユニバース体験が隠《かく》れている

このように辿《たど》ってくると、ユニバース体験とは特殊な体験で、多くの人にとっては、縁《えん》のないものと思われるかもしれません。

しかし、そうではないのです。それは、どんなに平凡に見える人生にも訪《おとず》れる、それまでとは不連続な経験と確かに結びついています。これまで私がお会いした数多くの方々が、様々な形のユニバース体験を抱《いだ》いていました。

たとえば、長い間、生《お》い立ちゆえに世界（世間）に対する不信感を囲《かこ》って生きてきた人が、世界への信頼を取り戻《もど》す。長年、憎《にく》しみを抱いて苦しんできた人が、その憎しみを溶《と》かし、「人は信じられる」という想いに目覚《めざ》める——。それは、それまでの人生からは想像もつかない世界が新たに生まれた瞬間であり、その人にとって大きな可能性を引き出す転換でしょう。

病を得て、絶望と孤独しかないと思っていた人が、その同じ場所で、今まで以上に深く確かな絆《きずな》に目覚める。自分にまったく自信を持てなかった人が、自分の中にも引き出されることを待っている能力があることを知る。逆に、自信過剰《かじょう》で他人《ひと》を見下《みくだ》してばかりいた人が、一人ひとりの尊《とうと》さに眼が開かれる――。

また、自衛官としての仕事に誇《ほこ》りを持って携《たずさ》わってきた五十代半ばのある男性は、かつて毎日決まった時間に出かけ、同じ道を通り、何の変化もない、いわば灰色の世界に生きていたと言われます。しかしある日、道端《みちばた》に小さな花が咲いていること、通り過ぎた家の庭木の枝がみずみずしい緑の新芽《しんめ》をつけていることに気づいて、色彩《しきさい》豊かな世界に生き始めるという大きな転換を体験しました。

今、例に挙《あ》げたこれらの体験は、現実に私が人生の中で出会ってきた方々であり、そのほんの一例でしかありません。

しかし、これらはみな、それぞれにとって、見なれたはずの世界が割《わ》れてその中からまったく新しい世界が現れてくるような体験であり、見えないつながりを見出《みいだ》し、自分の中に眠っていた可能性に出会う、決定的な体験です。

どんなにささやかに見えても、その一つ一つが、世界と自分が生まれ変わる体験であり、可能性の宝庫《ほうこ》である宇宙《ユニバース》の源《みなもと》とつながる新たな体験なのです。

人生に刻《きざ》まれるユニバース体験――。そのかけらとも言える体験には、次のようなものがあります。

・歓喜（歓《よろこ》び）と慚愧《ざんき》（後悔）を同時に経験する。
・自分と世界のつながりを直観する。
・人生でつくりあげたあらゆるこだわりが氷解《ひょうかい》する。
・自分が生まれてきた理由、自《みずか》らの存在理由に目覚める。
・当たり前の前提に対する強い違和感《いわかん》があらわになる。
・未来に対する強烈なヴィジョンを抱く。
・価値観が大きく変わり、人生が一変《いっぺん》する。
・求めていた解答のインスピレーションを受ける。
・前世《ぜんせ》の記憶を思い出す。

……

あなたの人生にも、これらに通じるユニバース体験のかけらがどこかに隠れているかもしれません。もしそうなら、あなたもまた、宇宙《ユニバース》が引き出してくれる新たな生命、新たな生き方を始めているお一人です。

そして、まだそのかけらには出会っていないという方も、それは、人生のどこかであなたを待っているかもしれません。私たちは誰《だれ》もが見えない絆が張り巡《めぐ》らされた宇宙《ユニバース》の一部であることを、思っていただきたいのです。

私のユニバース体験——最初の体験

ここで、私自身のことについて、お話ししたいと思います。

私もまた、みなさんと同じように、「魂の冒険」にダイビングしてきた一人にほかなりません。忘却《ぼうきゃく》から始まる人生の中で、私は幼い頃から幾度《いくど》ものユニバース体験に恵まれてきました。そして、それを節目《ふしめ》とするように導かれ、目覚《めざ》めを促《うなが》されて、人生を歩んできました。

これまで私が探求してきたこと、発見し、つくりあげてきたこと、提案してきたこと、そのすべてはそれらのユニバース体験と分かちがたく結びついていたと、今、私は感じるのです。

私にとって、初めてのユニバース体験と言えるのは、これまで幾度か書かせていただいた五歳のときのこと。家族と出かけた帰路《きろ》、急に具合が悪くなり、倒れてしまったという出来事でした。

そのとき、傍目《はため》には気を失《うしな》っていたのですが、意識は目覚めていて、声をかけてくる父に応《こた》えるのに、言葉にならず、周囲の様子は見えているのに、身体《からだ》が動かず、コントロールを失っている状態でした。

しばらくすると私は、見たこともない銀色の光のドームのような、何もかもが光と波動になって充満《じゅうまん》する場所にいて、言葉にならない宇宙との一体感を感じていました。それは、普段《ふだん》の感覚とはまったく異《こと》なる感覚でした。

私は、なぜ自分が自分になったのかがわかる覚醒感《かくせいかん》に包《つつ》まれていました。

「そうそう、そうだった……。わかった、わかった……」

今まで世界や自分について知っていると思っていたことはほんの一部で、真実はそれを遥《はる》かに超えるもの――。「この気持ちを絶対に忘れたくない、どうしても誰《だれ》かに伝えなくては」と強く思いました。

次の瞬間、気がつくと、私の意識は運ばれた医院の診療室の上の方にとどまっていて、眼下《がんか》には心配そうに私の様子を見ている両親とお医者さん、そして横たわっている私自身の姿が見えました。横たわる肉体の自分と、ここで目覚めている自分——「もう一人の自分」の存在をはっきりと体験したのです。

部屋の様子などそのとき見聞きしたことを、後日父に話すと、父はさっそくその医院に赴《おもむ》いて確かめ、私も自分が体験したことが事実であったことを確信しました。

それは、私にとって世界が変わってしまった体験と言ってよいかもしれません。そのとき以来、「もう一人の自分」がいること、「すべてが明らかになる場所」があることが忘れられなくなり、私自身の世界に対する原体験、ユニバース体験となったのです。

誰《だれ》にもわからない世界がある

しかし同時に、その体験は私に多くの戸惑《とまど》いをもたらすことにもなりました。

この体験の後、私は友だちの気持ちを手で触《ふ》れるように感じ始めたり、自然や世界を見る感覚が鋭《するど》くなったりしましたが、理解を得られずに孤立してしまうことが少なくありませんでした。

たとえば、幼稚園で、困っている子の気持ちが私に流れ込《こ》んでくるので、それを思わず代弁《だいべん》して先生に伝えると、「どうしてあなたにそんな気持ちがわかるの？」ということになり、残されて先生に諭《さと》される……。そういうことが何度もありました。

また、お絵描《か》きの時間に、太陽からオレンジ色に輝《かがや》く、きれいなたくさんの曲線が、まるで糸のように飛び出してくるのが見え（それは、今にして思えば、太陽のフレア〈炎《ほのお》のゆらめき〉そのものだったのですが）、そのように絵を描くと、先生から「お日様はこんなふうになっていません」とこんこんと言い聞かされ、植物の輪郭《りんかく》の外側にもう一つの輪郭が見え、そのまま描くと、また諭される時間になったのです。

「見える通りに描いたのに……」

私は納得がゆかず、悲しくて、帰り道、家が見える場所まで来ると決まって泣いてしまうのでした。

小学校に入ってしばらくすると、今度は、異国《いこく》の海や山の風景のヴィジョンが突然見え、夜になると、決まった時間に、霊の存在が現れるようになりました。

ときにはあまりにも痛々しい形相《ぎょうそう》で苦しみを訴《うった》えてきたり、交通事故で亡《な》くなったらしい男性が「早く支払いをしなきゃいけないのに、どうしたらいいんだ！」と当たり散らしたり、「信じた人間に裏切られた。飼《か》い犬に噛《か》まれた」と延々《えんえん》と愚痴《ぐち》を言っていたり、水がポタポタとしたたり落ちる絣《かすり》の着物姿の老女がじっとこちらを見つめ、無言で首を横にふり続けたりすることもありました。

そうした姿が見えると、私は怖《こわ》くて寝ることができず、「また来た！」と両親に訴えるのですが、当時は両親も何を言っているのかわからず、「映画やテレビの影響だろう」とまったく取り合ってもらえなかったのです。

父は、自分自身も幼い頃から「もう一人の自分」を体験し、魂の世界をよく知っていましたが、私と同じような形で霊の存在が見えたり、声が聞こえたりするといった体験は、当時まだありませんでした。私の取り乱し方が激しく、その気持ちを静めるために、「灯《あか》りをつけて寝なさい」というくらいしかアドバイスできなかったのでした。

なぜ人間はこんなに無念を残すのだろう

目の前に現れる霊たちは予告なく、突然、姿を現します。こちらの事情に合わせてくれるわけではありません。

勉強に集中しなければならないときでも、早朝からの用事のために早く休まなければならないときでも、現れるときには現れ、現れたら、私の意識はそこに引っ張られることになります。多くの霊たちの姿は強烈で、しかも強い想いのエネルギーを発して、そこに注意を向ければ、巻《ま》き込《こ》まれないわけにはゆきません。

「毎日毎日、こんな想いをぶつけられるのは大変」「どう応《こた》えたらいいのかわからない」。そんな圧迫を感じていました。

しかし、その一方で、私の中には言葉にはならない一つの前提が生まれつつありました。それは、「私は、こうした現象とともに生きてゆくのだ」という漠然《ばくぜん》とした想いでした。

ある夜、私の前に、もんぺ姿の女性の霊が現れたことがあります。

その女性は、戦時中、空襲で亡《な》くなったようで、その状況を私に伝えてきました。

その日は昭和二十年四月十五日――。午後十時半を指す柱時計が何度も見えました。

彼女は私に、「空襲警報《くうしゅうけいほう》が鳴《な》って防空壕《ぼうくうごう》に入ったら、こうやるんです」と、両手の親指で耳をふさぎ、人差し指、中指、薬指で目を覆《おお》い、小指で鼻を押さえるしぐさをして話してくれました。

防空壕の中で身を潜《ひそ》めていると、辺《あた》りが火に包《つつ》まれ、ご主人と息子さんと逃げたようです。しかし、逃げ惑《まど》う人々の中で、二人と離ればなれになってしまい、必死で探《さが》したけれど見つからなかったということでした。その後、焼夷弾《しょういだん》に当たって亡くなったらしいことも感じましたが、彼女自身にその自覚《じかく》は薄く、ご主人や息子さんと会えない悲しみや無念さが私にどっと流れ込んできました。

「何て悲しいんだろう……」

あまりに切なくて、涙があふれてきました。

そして実は、その切なさは彼女だけのものではありませんでした。ほかの多くの霊たちにもそうした無念さや悲しみが満ちていることを私は知っていったのです。

来る日も来る日も現れる霊の想いを感じていると、私はその心残りの想いや無念さのことを考えないわけにはゆきませんでした。

どうしてこうなってしまうのだろう。赤ちゃんはみな無邪気《むじゃき》なのに、こんな無念を抱《かか》えて人生を終えるなんて。人生の意味って何なのだろう。神様は、そんな想いをさせるために、人を生かしているのだろうか……。

それは、いつか自分が応えなければならないテーマのように感じました。

そして、無念を刻《きざ》んでいたのは、現れた霊たちだけではなかったのです。見えない世界に通じることで、人の気持ちがわかり、未来を感じることができた私は、自然と友だちから相談を受けることが多くなってゆきました。いじめや友だち同士の喧嘩《けんか》のこと、抱えている病気のこと、先生とうまくいかない悩みや両親の不和のこと……。

話を聞けば聞くほど、友だちも、またその友だちも、同じように、悩んだり苦しんだり、言うならば無念の想いを噛《か》みしめていることを知りました。

見えない霊も、今生きている人たちも、同じように無念の想いを刻んでゆく──。

でも、その想いに応える術《すべ》はまだ見出《みいだ》せませんでした。

私は、自分の身に起こっていることに対して、いつも慎重《しんちょう》に向き合ってきたつもりです。私が感じ取ることができるのは、向こうから伝えてくるもの。その霊が伝えてくることをうのみにせず、それが本当かどうか、事実を確かめる姿勢を大切にしてきました。

自分と同じような体験をした人たちがいないか、学校の図書室で、偉人《いじん》の伝記を中心に、歴史書など週に何冊もの本を読んで探したこともありました。しばらくすると、読むべき本がなくなってしまったほどでした。

自分の体験したことを正しく受けとめ、伝えるためには、言葉の力が必要だと私は感じていました。知識や理解力を豊かにするために勉強しなければならないと思ったのです。

今、私が提唱《ていしょう》している「魂の学《がく》」の人間観、人生観は、幼い頃から抱《いだ》いてきた、いくつもの疑問を土台として、その後、様々な探求を重ねて辿《たど》り着いた結晶《けっしょう》と言うべきものです。

たとえば、この頃を発端《ほったん》として繰《く》り返し向き合うことになった、人生に刻まれた無念さ、後悔――。なぜ人は無念さ、後悔を抱くのか。その無念さや後悔に、いったいどんな意味があるのか――。私はその後の探求によって、やがて、その後悔は、ただ無念のまま終わるものではなく、そこから新たな生き方が始まる転機となったり、また新たな人生への願いに転じてその魂を送り出す原動力になったりすることをお伝えすることになったのです。

雷《かみなり》の体験――なぜ私は生かされたのか

小学校六年生のとき、私は再び大きな節目《ふしめ》となるユニバース体験に遭遇《そうぐう》します。

毎年のように長野の父の実家で過ごしていた夏休み、私は、近くの山を歩くのが大好きで、ときには遠出《とおで》をして、少し離れた内山峡《うちやまきょう》と呼ばれている辺《あた》りまで出かけることもありました。

ところが、いつものように山の中で過ごしていたあるとき、突然、激しい雷雨に襲《おそ》われ、それまで感じたことのない恐怖と不思議な感覚を体験したのです。

そのとき、目の前すら見えないような豪雨《ごうう》の中で、まだ遠くにいたはずの雷があっという間に近くまで迫《せま》ってきて、私は、身動きが取れなくなってしまいました。あちこちに雷が落ち、ものすごい大音響がして、大粒の雨は痛いほど激しくなっていったのです。

「あっ、落ちる！」と感じ、「神様っ！」と心の中で叫《さけ》んだとき、「大丈夫《だいじょうぶ》」という声が胸の内に響きました。

「大丈夫。心を集中し、恐れを捨てよ」

私は、必死に心を落ち着かせ、意識を集中させようとしました。

そして突然、身体《からだ》が三、四メートル前に突《つ》き飛ばされたと思った次の瞬間、すさまじい爆音《ばくおん》とともに、それまで寄りかかっていた大きな杉の木に赤紫《あかむらさき》に光る雷が落ちたのです。ふと見ると、その木に巣《す》をつくっていた鳥がそばで死んでいました。

今まで感じたこともないような切迫《せっぱく》した危険と恐怖、そしてギリギリのところで自分を救ってくれた大きな力――。普段《ふだん》感じたことのない、生きる現実とそれを包《つつ》んでいる世界とのつながりの中で、私は不思議な感覚を覚《おぼ》えていました。

少しずつ遠のいてゆく雷雨の中で、鳥のお墓をつくりながら、私は考えました。

「生きているものは死んでゆく。人間もみな死ぬんだ。私が死んでもおかしくなかった。なのに助けられた。なぜ生かされたのだろう。私は何をしなければならないのか。私はあと何年生きるんだろう。死ぬまでにしなければならないことがいくつあるんだろう。それを知りたい……」

そして同時に、言葉にならない確かさで、自分を守護し導いてくれる存在があることを感じていたのです。

「私を導いている存在がある。その導きにしたがってゆこう」

私は、二時間ほどで山を下《お》りて、父の実家に戻《もど》りました。

けれども、この体験を本当に大切なものと感じていた私は、何を聞かれても、そこで起こったことについては一言《ひとこと》も語りませんでした。

自分に与えられた力に応《こた》えよう

この山の出来事から数年間、私は雷《かみなり》に対して、大変な恐怖心を抱《いだ》いていました。雷が鳴り出すと、気持ちでは抑《おさ》えようとしても、身体《からだ》が言うことをきかない感じで、震《ふる》えが走ってしまうのです。

しかし、雷は「神鳴り《かみなり》」でもあります。雷は、私にとってかけがえのない「知らせ」でもあったのです。私の次のユニバース体験も、その雷がきっかけとなりました。

二年近くの時間が過ぎた中学二年生のある日、雷が激しく鳴り続ける中、私は震えながらそれに堪《た》えようとしていました。

そのとき、突然、自分の口から、聞いたことも、語ったこともない言葉、異言《いげん》が次々に出てきました。

今にして思えば、その雷は、あの山の中での体験を思い出すことを促《うなが》していたのかもしれません。あるいは、山の体験も含《ふく》めて、私が何者であるのかを思い起こさせようとしていたのかもしれません。しかし、まだその意味はわかりませんでした。

その頃、父の周辺では、すでに同様のことが起こっており、異言の中には退《しりぞ》けるべきものもあることを知っていたため、その体験をどう受けとめたらよいのか、判断しかねていたのです。

その数日後のことです。頭痛を抱《かか》えていた私の頭部に、父が手を当てて、「光が注《そそ》がれますように」と神に対する祈りを始めたときでした。強烈な光が注がれるショックがあって、再び、私の口から奔流《ほんりゅう》のように異言が迸《ほとばし》ったのです。とどまることのない異言は、二年前、「大丈夫《だいじょうぶ》。心を集中し、恐れを捨てよ」と言った存在が私の口を通じて語った言葉だとわかりました。

その存在は私に、それからしばらくの間、日々あったこと、そこで何をどう感じ、どう受けとめ、どう行動したのかを伝えるように言ってきました。

私にとって、命を救い、大いなるつながりを示してくれた特別な存在。私は、その言葉にしたがって、時を過ごすようになりました。一日の終わりに、心に残ったことを祈りとともに語りかけるように伝えました。

その日々の中で、私を守護し、指導する存在に対する信頼はますます確かなものとなり、言葉を超えた一体感を覚《おぼ》えるようになってゆきました。

そして私は、幼い頃から繰《く》り返してきた、「なぜ多くの人たちには見えないものが私に見えるのか、なぜ私なのか――」という内なる疑問に一つの解答を見出《みいだ》したのです。

「人には誰《だれ》も、それぞれに与えられている力がある。私には、見えない世界に通じる力が与えられた。ならば、そのことに応えてゆこう」

素直《すなお》にそう思えました。私はこの力があることで、見えない霊たちの想いに耳を傾《かたむ》けることができる。そして同じように、その力があることで友だちの相談に乗ることができる――。

私は、与えられたこの力が、自分の魂が遙《はる》か昔から歩んできた道のり、魂の所以《ゆえん》と深く結びついていると感じるようになっていたのです。

それからというもの、以前にも増して、私は、現れた霊たちの気持ちに耳を傾け、また多くの友人たちの相談に真摯《しんし》に向き合うようになりました。彼らが苦しんでいるなら、それを何とか癒《いや》すことはできないか、彼らが望んでいることがあるなら、何か自分にできることはないか、そう応えようとし始めたのです。

伝えたくても伝わらない大きな壁《かべ》

しかし、そう歩み始めた私に、次なる試練が立ち現れることになります。

中学校三年生の頃、こんなことがありました。

学校からの帰り道、家の近くにある橋にさしかかると、泣いている女性の霊の気配《けはい》を感じました。彼女は私の後をついてきて、家に着くと話を始めました。

「サトコ」と名乗るその女性は、自分が心臓の発作《ほっさ》で死んだと語り、私に聞いてほしいことがあると言うのです。

彼女が亡《な》くなった後、ご主人は、呆然《ぼうぜん》として何も手につかなくなり、家は散らかり放題。息子さんの食事もままならず、揚《あ》げものばかり買ってきて冷たいまま食べさせているとのこと。そして何よりも、ご主人の健康について、大腸に病気があるということでした。「もう自分は何もしてあげられない。でも、心配でしかたがない……」と訴《うった》えてきたのです。

何とか彼女の気持ちに応《こた》えたい、それは私がやらなければならないことだと思い、家族を訪《たず》ねることにしました。

次の日曜日、サトコさんの案内で、私は駅近くの商店街を抜《ぬ》けた住宅街にある家を訪ねました。玄関の脇《わき》に倒れた三輪車が放置され、バケツには泥水《どろみず》がたまり、錆《さ》びたジョウロが転《ころ》がっていて、話の通りだと思いました。

呼び鈴《りん》を鳴らし、出てこられたご主人に、私は、突然の訪問をお詫《わ》びしました。そして、奥様の知り合いであること、彼女が心臓が悪くて亡くなったことを知っていること、そして今、彼女が突然旅立たなければならなかったことを悔《く》いていて、ご主人や息子さんのことを心から心配していることをお伝えしました。

ご主人は、怪訝《けげん》な面持《おもも》ちで私の話を聞いていました。

それはそうだと思います。突然、見知らぬ女の子が家に訪ねてきて、亡くなった妻が家族のことを心配していると告《つ》げているのです。かなり超現実的な状況です。

しかし、使命感に駆《か》られ、猛然《もうぜん》と歩み出した当時の私に、相手の状態を受けとめる余裕はありませんでした。続けて私は、サトコさんがご主人の身体《からだ》のことを心配していて、大腸に問題があると言っていることを伝え、「それだけは気をつけてください」と念押ししました。

すると、ご主人は、急に声を荒《あら》げて「いったい何を言っているんだ！　そんなこと余計なお世話だ！」と怒《おこ》り出しました。

〈他人《ひと》の心に土足《どそく》で入るようなまねはやめてくれ。まして死んだ妻のことは、今ようやく心の整理をつけようとしているところなんだ。なのに、それを蒸《む》し返すなんて！〉という気持ちが伝わってきました。

「俺《おれ》は、死んだ後の世界なんて信じない。そんな世界など存在しない。妻がこう言った？　ああ言った？　冗談《じょうだん》じゃない。あんた、どういうつもりでここに来たんだ！」

必死だった私は、「サトコさんが、とにかく心配していたので……。その気持ちをお伝えするためにここに来たんです」と続けようとしましたが、「そんなことは信じられない！」と拒絶《きょぜつ》されてしまったのです。

本当ならば、「今後、何か自分にもできることがあるのでは」とお話ししたかったのですが、もはやそういう状況ではありませんでした。

その場を立ち去ろうとする私の後を追ってきた坊やが、「お母さんはまだいるの？」

と尋《たず》ねました。「いるわよ、あなたの傍《そば》に。心の中にお母さんはいつも一緒にいる。それを忘れないでね」。そう伝えることができました。

別れ際《ぎわ》、坊やは、さらに「お母さんは何て言ってたの？」と聞いてきました。

「あなたのことをお母さんはずっと思っている。ほら、お母さん、寝るときに赤鬼、青鬼のお話の絵本を読んでくれたでしょう。よく子守歌も歌ってくれたよね……」

「赤鬼、青鬼のお話」とは、童話『泣いた赤鬼』のことですが、坊やとサトコさんの間ではそう呼んでいたのです。

「お母さんだ……」

坊やはうなずいて、心から安心した様子でした。

私も温《あたた》かい気持ちになりましたが、同時に重いものを抱《かか》えざるを得ませんでした。伝えても伝わらない。わからない。堅固《けんご》な壁を感じていました。様々なものを吸収した後の大人の世界は難《むずか》しい――。

今なら、それが、常識や唯物《ゆいぶつ》的な世界観という壁であることがわかります。

ある友人に、私に見えたことを伝えたときも同じ壁にぶつかりました。私が話したことがあまりに的確で、友人は驚《おどろ》くばかりでしたが、しばらくして、彼女のお父さんから、抗議《こうぎ》の電話がかかってきたのです。

「〇〇の親です。うちの子どもはあなたからこういうことを聞いたと言うけれども、私は東大の哲学科を出たが、まったく納得がゆかない。どういうつもりでそんなことを言っているのか」

大変な剣幕《けんまく》で、それ以上どうすることもできませんでした。

当時の私は、「魂の世界のことを伝えなければ」と躍起《やっき》になっていたと思います。それこそ自分がしなければならないことだという使命感に燃えて直線的に進んでいました。相手の気持ちや状況を受けとめて、少しずつ前提を整《ととの》え、段階的に伝えてゆくことなど、思いも寄りませんでした。

拒絶に遭《あ》うたびに、「私はこんなに必死なのに、こんなに大切なことを伝えているのに……」と、悲しい想いを募《つの》らせました。そして、「どうしてみんなはわからないのだろう」というやり場のない想いを噛《か》みしめたのです。

人生と人間の問題へ

高校生になると、私の世界は、学業や友人たち、クラブ活動といった学校から、外に広がってゆきました。ボランティア活動を始め、人間の表現する力に強く惹《ひ》かれて絵画、写真、音楽へと関心が広がり、人間関係も豊かになり、忙《いそが》しくなりました。

しかし、私の中での一番の重心は、友人たちや父の周囲に集まっていた人々から、三日にあけず様々な相談事をお聞きしていたことでした。

そこに注《そそ》がれた多くの時間は、自分が進むべき道がどのようなものかをはっきりと私に見せてくれたのです。

相談に来られるのは、サラリーマンや経営者、スポーツ選手、家庭の主婦、大学生といった方々で、普通の高校生には考えられない状況ですが、幼い頃の体験から友人たちの相談に乗り始め、高校に入る頃には、すでに父の講演を手伝っていた私にとって、自然ななりゆきでもありました。

学校から家に帰ると、「ぜひ話を聞いてほしい」という方が待っていたり、父の留《る》守《す》にかかってきた電話の相談に乗らせていただいたり、ときには私の学校の近くまで来られ、帰る道々、「話を聞いてほしい」と言われる方もいました。

私の都合《つごう》にかかわらず、相談は絶《た》えず寄《よ》せられ、私もまた、できるだけ応《こた》えたいと思い、耳を傾《かたむ》けさせていただきました。

かつて見えない霊が次から次に現れ、その霊たちの話を聞いたり、彼らのことを考えたりするのが日常になり、そうやって生きてゆくのが自分なのだと感じたように、私はいつも、こうした方々の人生や生活の問題と一緒にあったと言っても過言《かごん》ではありません。

主婦のAさんは、ご主人が突然、癌《がん》で亡《な》くなり、幼《おさな》い子どもたちを抱《かか》えて、「いったいどうしたらいいのか」と、不安の中で相談に来られました。Aさんのお話を繰《く》り返しお聞きしながら、私はやがて彼女が歩むことになる道を感じていました。Aさんの魂は、試練が訪《おとず》れてもそれを乗り越えてゆく力を抱《いだ》いている。私ができることは、まず、彼女の中からその強い気持ちが芽生《めば》え、育ってゆくのを一緒に待つことだと、それからも折々に彼女の近況をお聴きし、同伴させていただきました。そしてAさんが少しずつたくましくなり、自分の力で立ち上がってゆく様子に、私自身、大きな励《はげ》ましと勇気を頂くことになったのです。

また、会社員のBさんは、会社の中で自分が発明した技術の評価に大変な不満を抱いていました。話し出すと時間を忘れて愚痴《ぐち》や不満のオンパレードになってしまう状態でした。長い時間、様々なお話を聞いた後で、私は「もし、すべてを引き受けて自分で会社を興《おこ》すことができるなら、Bさんには会社を辞《や》める選択もあるかもしれません。どう思いますか」と尋《たず》ねました。

Bさんが考え込《こ》んでいるとき、私の心に別の男性の姿が浮《う》かびました。その男性の特徴をBさんに告《つ》げると、その男性は、実は最近、社長が連《つ》れてきた技術者であると話してくれました。Bさんの不満と愚痴は、この新しい技術者の方とBさんをめぐる社長の評価に起因していることをBさんと話し合いました。そのことをしっかり受けとめ、自分が本当に願っていることは何か、整理してみることを勧《すす》めると、Bさんは自《みずか》ら落ち着きを取り戻《もど》され、もう一度、今の会社で挑戦することを決心されていったのでした。

自分を取り戻し、事態を受けとめるなら、人は正しい方向に自らを導くことができると、Bさんの姿は教えてくれました。

学校の教諭をされていた女性Cさんが、ご自分の息子が暴走族に入ってしまったことで、どこにも相談できずにいるつらさを訴《うった》えに来られたこともあります。

「何でこんなことになってしまったのか」と嘆《なげ》くCさんに、私は「今まで見えていなかったことがあるかもしれませんね」と、息子さんが自分の話をまったく聞いてもらえない寂《さび》しさと不満を募《つの》らせてきたこと、しかし、不良仲間は話を聞いてくれ、その親しさから暴走族に加わってしまったことを伝えました。そして、もうすぐ暴走族同士の抗争《こうそう》が始まることを感じた私は、それが息子さんとやり直すきっかけになることを告げ、Cさんを励ましました。

その後、Cさんは息子さんとの関係を振り返り、息子さんも暴走族にとどまることに不安を覚《おぼ》え、母子はもう一度やり直すことへ向かっていったのです。

親と子のつながりは、反発や葛藤《かっとう》を引き出しながら、それでも信じ合うことを求めていることを私は学びました。

お一人お一人が、事態を本当の意味で自分に引き受けようと一歩を踏《ふ》み出されたとき、気づかなかった自分の不足を発見して変わろうとされたとき、新たな関わりを結ぼうと努力を始められたとき、私は心の底から「よかった」と思わずにはいられませんでした。

人々を苦しめ、追いつめていた事態が少しでも解決や深化に向かって動き始めることこそ、私にとって、無上《むじょう》の歓《よろこ》びをもたらしてくれるものでした。

そして、こうした相談に応《おう》じる時間を重ねるにしたがって、私の中で人生と人間の問題がより大きくなり、重要なものとなっていったのです。

中学から高校にかけて、世の中に大きな影響を与えた出来事や事件の記事をスクラップし続けていたことも、その変化を一層《いっそう》、推《お》し進めたように思います。

たとえば、日本山岳会エベレスト登頂、大阪万博《ばんぱく》開催、沖縄《おきなわ》返還、江崎玲於奈《えさきれおな》氏ノーベル賞受賞、日中友好条約締結《ていけつ》など、人々に未来の可能性を感じさせる出来事、一方、よど号ハイジャック事件、浅間山荘《あさまさんそう》事件、千日《せんにち》デパート火災、ウォーターゲート事件、水俣病《みなまたびょう》裁判、ポル・ポト派による大虐殺《だいぎゃくさつ》など、人々に痛みと落胆《らくたん》を与える出来事を丹念《たんねん》に辿《たど》り続けました。中でも、熊本、新潟の水俣病裁判や神通川《じんづうがわ》のカドミウム汚染《おせん》など公害病裁判とその事実については、多くの時間をかけて調べたり、資料を集めたりしました。

そしてそのことで、私は、人間が及《およ》ぼす影響の大きさ、その使命と責任について、考えるようになりました。スクラップ帳が増《ふ》えてゆくにしたがって、私は、そこに強く、人間の光と闇、人間がもたらす希望と失望の現実、そしてそれらを生み出すしくみを見つめることになったのです。

様々な試練や問題を生み出す人生とこの世界——。

問題を抱える人々の苦しみや悲しみ、その重い現実のことを思わずにはいられませんでした。

それは、あの見えない霊たちが伝えてくる無念さも同じでした。

彼らの無念は、見えない世界でつくられたものではありません。それは、生前、彼らの人生で、私たちが生きているこの世界で生まれたものです。

それらの想いに応《こた》えるには、どうしても人間と人生の謎《なぞ》を解《と》く必要がありました。

私は、魂の世界のことが伝わらない壁《かべ》にもまして、より大きな壁がここにあると感じました。

相談に訪れる人たちが語る人生の苦しみや悲しみ、思うにままならない不自由な現実――。

それらは、どこから生まれてくるのか。しかも人は、その現実を、自ら自身でさらに不自由にし、がんじがらめにしてしまう。こんなにも大変な人生を背負《せお》いながら、自分でそれをもっと難《むずか》しくし、壊《こわ》してしまう。なぜ人はそうやって生きてしまうのか。なぜそうならざるを得ないのだろう――。

親しい友人たちと一緒に時を過ごしているとき、「こういう友だちがいてよかった」と心から満《み》たされるものを感じながらも、同時に心の中には、一向に解決できない問題がいつも横たわり、重くのしかかっていたのです。

すでに父は、それまで自らが探求し、発見した真実――人間は永遠の生命を抱く魂の存在であり、その深化成長のために人生を魂の修行所として生まれてくることを人々に説き始めていました。

私にとって、その父の説くところ、そして父の生きる姿は、大きな導きでした。けれども、それで、私にすべての答えが示されたわけではありません。人間と世界の真理の探求ということは同じでも、そのテーマの重心と探求のしかたは、自《おの》ずと父とは異《こと》なるものになりました。私は私なりに探求を進めなければならなかったのです。

答えはすべて自分の中にあった

私が辿《たど》った道のかたちに決定的な影響を与えたのも、ユニバース体験でした。

高校三年の春のことです。よく父と訪《おとず》れていた伊豆の海辺に、私は一人座《すわ》っていました。内なる促《うなが》しによって、自分自身をもっと知るために一人で旅に出ていたのです。

ずっと心の片隅《かたすみ》を占《し》めていたのは、一つ一つの相談に懸命《けんめい》に応《こた》えても、そのまま手つかずに残ってしまう問題でした。見えない霊たちにも、生きている人々にも、同じようにもたらされている不自由さと無念さ。そしてそれを生み出さざるを得ない人生のしくみであり、自分の人生の使命に対する疑問でした。

その現実の不条理《ふじょうり》と疑問に対して、出口の見つからないもどかしさと、何かが始まろうとしているかすかな予感を抱《かか》えながら、私は座っていました。

太陽が海に沈《しず》んでから六、七時間が経《た》った頃、ふと気がつくと、私の中の疑問や焦《あせ》り、無力感がかき消され、心は雨上がりの山の空気のように清澄《せいちょう》になっていました。いつの間にか私は、打ち寄せる波の音と一つになって呼吸し、共鳴《きょうめい》するリズムが全身に満《み》ちてくるのを感じていました。心の集中がどこまでも高まり、魂の奥底に眠る記憶が揺《ゆ》り醒《さ》まされてゆくような感覚に誘《いざな》われていました。

ふと頭上に巨大な光を感じて、私は眼を開きました。

漆黒《しっこく》の海の上、月が辺《あた》りを照《て》らし、無数の星々が瞬《また》いています。突然、一つの星が瑠璃《るり》色の光を放《はな》ち始めました。他の星々も、緑、赤、黄、紫、橙《だいだい》に輝《かがや》き、色とりどりの万華鏡《まんげきょう》のような世界がそこに広がりました。

そして、満天の星々の真ん中に、フレア（炎《ほのお》のゆらめき）を見せてゆらめくオーロラが現れたのです。星々も、オーロラも、空気も、樹々も、そして小さな石ころまでも、一切《いっさい》が呼吸し、すべてが生命感にあふれていました。

それは、あの五歳のときに見た光のドームが、今ここにそのまま現れたようでもあり、また幼稚園のときに見ていた太陽や植物の姿が、一部ではなく、世界全体に広がっていたと言ってよいかもしれません。

そして、その光景の不思議さ以上に、「すべてがみずみずしく、ものみな光る。世界はすべてエネルギーで、何一つ例外なく輝いている」という感覚が私を満たしたのです。

私は、一切の不安や重圧から解《と》き放《はな》たれ、何とも言えない懐《なつ》かしさと温《あたた》かさに包《つつ》まれていました。すべての疑問が氷解《ひょうかい》してゆく感覚が訪れていました。

そのとき、聖書の一節が、どこからか心に響いてきたのです。

「悲しむ人は幸いである。その人は慰《なぐさ》められるであろう」

その声を聴いたとき、私の中心から熱いものがマグマのように噴《ふ》き上げ、一瞬で全身に広がりました。そしてそのエネルギーは、身体《からだ》の輪郭《りんかく》をはみ出して、爆発的な勢いで、どこまでも限りなく広がっていったのです。

気がつくと、私は身体を砂地に投げ打って、嗚咽《おえつ》していました。たとえようもない後悔と至福《しふく》の感覚が一つになって私を満たしました。

しばらくして、顔を上げると、辺《あた》りは、静かな海辺の風景に戻《もど》り、何ごともなかったかのように、波の音だけが響いていました。

そこで、私がもっとも深く感じていたこと——。そのすべてを表現することは難《むずか》しいのですが、それは、たとえ不足や未熟があっても、満たされ、輝いている世界の美しさであり、神のゆるし、そして神の愛ということでした。私は、すべてが輝く世界に包まれ、大いなる存在に抱《いだ》かれていたのです。

見えない霊たちの無念も、今生きている人たちの無念も、みなこの世界の中で生まれてきたもの。でも本当は、その心残りの現実も、無念すらも輝いているものなんだ。何もわかっていなかった。こんなにも愚《おろ》かな私が今も生かされている……。何と小さなことにこだわっていたのだろう。人はみな、どんな人でも、すべてが輝くこの世界を本当は知っているし、その一部なんだ。

私は、その体験の中で、行く手を示されたと感じました。

かつて人生の無念に応えたいと願った私は、その無念に間違いなく痛みを覚《おぼ》え、悲しみつつも、そこにある理《り》不尽《ふじん》さや不条理、それを生み出す闇に対して、どこか受け入れがたいものを感じていました。そして、その重さに圧倒されていました。

しかし、夜空に輝くオーロラを見たときの想いは、そうではありませんでした。私が感じたすべてが輝く世界、宇宙《ユニバース》のありようはまったく違っていました。

私は、この世の理不尽さや不条理、人々の不理解を自分が引き受け、背負うだけの勇気や包容力、そして本当の智慧《ちえ》に欠けていたことを認めなければなりませんでした。

このとき、私は、根底にある大事な中心を見落としていたことを知ったのです。光も闇も含《ふく》めて、見えない霊と人々の無念も、それを解く鍵《かぎ》も、すべては私の内にあることを感じたのです。

連綿《れんめん》と引き継《つ》いできた人類の業《カルマ》の河の流れに身を浸《ひた》し、ともに苦を背負い、ともに悲しむ存在。それが私たち人間です。

私もまたその一端《いったん》を担《にな》い、浄化と復活の道を歩む者であり、闇は自《みずか》らの内にこそ見出《みいだ》されるべきものであることを強く思いました。私たち人間は、必ずその浄化と復活を果《は》たすことができる。なぜなら、私たちは一切が輝く世界を構成する一人ひとり――。私は、人々や世界をもっと信じることができると思いました。

もう一つの次元、すべてがつながり、ゆるされているその世界を垣間《かいま》見た者だからこそ、そこから帰還《きかん》した者だからこそ、私が伝えなければならないことがあり、応えなければならないことがある――。

数限りない悲しみと苦しみに満ちあふれ、多くの魂が無念の想いを抱いて人生を終えてゆくこの世界にこそ、私は身を投げ出し、その現実に取り組み、癒《いや》してゆきたいと思ったのでした。

そして、そのためには、もっと自分を育まなければならない。自らの境地の段階に応じて、どうしても伝えきれない人たちが生まれてしまうのはやむを得ないこと。否《いな》、そのことを常《つね》に痛みとして引き受けて、自らの不断の深化成長を図《はか》ってゆこうと、決心することができたのです。

ユニバース体験は深化する

この後も、私はユニバース体験を重ねてゆきました。

ことに、十九歳のときの体験は、特別な体験です。

雷《かみなり》の体験以来、私を導いてくれた見えない存在とはいかなる存在なのか。私自身の魂の所以《ゆえん》、今世《こんせ》、私は何を願って生まれてきた魂なのか。そして、私と父はどのような絆《きずな》で結ばれているのか――。

それらについて、決定的な気づきと確信を与えられた体験でした。

その体験とそれ以降に起こった出来事は、私を一層、人生と人間の問題へと向かわせることになりました。

それは、拙著《せっちょ》『天涙《てんるい》』（三宝出版）その他に記《しる》してきたことでもあり、ここでは割《かつ》愛《あい》させていただきますが、しかし、それで私のユニバース体験が終わったわけではありません。その後も、私は節目《ふしめ》となる体験を重ねてきたのです。

そしてそれは、父においても同じでした。一九六八年に、「本当の自分」を自覚《じかく》し、人々に魂の真実を説き始めた後も、父は「たゆみない進歩」という言葉を絶《た》えず口にし、さらなる深化成長への探求を怠《おこた》りませんでした。そして、私自身の十九歳のときのユニバース体験は、父の人生最後のユニバース体験でもありました。

毎日の出会いや出来事を大切に受けとめ、人生に応《こた》えようと歩む人には、一度ならずユニバース体験が訪《おとず》れ、そのたびにその人の魂の願い、魂の所以は一層明らかになり、より深い愛と智慧《ちえ》を生きることができるようになってゆく――。私はそう確信しています。

ユニバース体験は、どれもみな決定的で絶対的な魂の体験であると同時に、一度体験したらそれで終わりというものではありません。また、それを体験したから、もうつまずくことはなくなるということでもありません。

それだけに、大切なユニバース体験がもたらされたとき、「あの体験は特別で、こういう意味があった」と結論を出して固執《こしつ》してしまい、それが足かせになってしまうことのないようにと思わずにはいられません。一つの体験についての理解、受けとめ方は、常《つね》に、その時々の自《みずか》らの知識、経験や境地によって規定されてしまうものだからです。

人生を真剣に歩まれるあなたにも、必ずそのときが訪れます。あなたのそれまでの人生の出来事が一つに結ばれ、新たな次元にあなたを押し出す瞬間がくるのです。もし、その体験に遭遇《そうぐう》したなら、人生の時を重ねてゆく中に、「あの体験は、本当はどのような意味があったのだろうか」と、常に理解を深め、その体験から、新たな智慧を汲《く》み上げ続けていただきたいと思います。

ユニバース体験は、私の人生がそうであったように、あなたにとっても人生の節目をつくり、あなたを新たな次元へと導いてゆく、大切な経験にほかならないのですから。

第2章

導く力

——指導原理を引き寄せる

かつて人類は、宇宙に創造主《そうぞうしゅ》の和声《わせい》の響きを聴いていた。
しかし、いつの時代からか
人間は、宇宙から大いなる意志の響きを消し去った。

そのとき以来、人類はあらゆる生物の頂点に立ち、世界の支配者となった。
主権を握《にぎ》った人類は
確かに「貧《ひん》」を退《しりぞ》け、「富《とみ》」をその手中に収《おさ》めてきた。
しかしそれと引き替《か》えに
「聖《せい》」を失い、今や「俗《ぞく》」が人間の精神を浸食《しんしょく》している。

高貴なる精神を抱《いだ》かない限り、世界に通じるチャンネルは閉じられる。
人類は、世界と対話する智慧《ちえ》を失《うしな》ってしまったように見える。
こうして、冒険者たちは
指針を忘れ、地図を失い、世界に漂流《ひょうりゅう》している。

しかし、忘れてはならない。
世界は決して沈黙しているわけではない。
宇宙には、導きの声が満《み》ち、励《はげ》ましの音楽にあふれている。

求めれば、応《こた》えてくれる――。
尋《たず》ねれば、教えてくれる――。

我《われ》らを導く声、我らを目覚《めざ》めさせる調べ――。
その「指導原理」は
常《つね》に冒険者たちを鼓舞《こぶ》し、諭《さと》し続け、応援しているのである。

宇宙にはすべてを崩壊《ほうかい》に向かわせる流れがある

忙《いそが》しい日々が続き、ふと気がついたら、部屋の中が驚《おどろ》くほど散らかっていることに気づいたという経験はないでしょうか。

私たちの部屋は、いつまでも整理されたきれいな状態が続くことはなく、誰《だれ》かが整理整頓《せいとん》をしない限り次第に乱雑《らんざつ》になってゆくことは、多くの人が経験的に知っています。

また、部屋のテーブルの上に置かれたコーヒーカップを思い浮《う》かべてみてください。

カップの中には熱いコーヒーが入っています。そのまま放置しておけば、コーヒーの熱は四方《しほう》に拡散《かくさん》し、やがて室温と同化して平衡《へいこう》状態に至《いた》ります。コーヒーの熱は拡散して冷《ひ》えてゆく一方で、その逆は起こらず、新たに熱を加えない限り温《あたた》かくなることはありません。

さらに、それぞれ別々のカップに入っている塩と砂糖を混《ま》ぜるとどうでしょう。一度混ぜてしまうと、元に戻《もど》すことは至難《しなん》です。何とかしようとすればするほど、混ざり合ってゆくことになるでしょう。

これらの状態はみな、熱力学《ねつりきがく》の「エントロピー増大の法則」が示唆《しさ》するものです。エントロピーとは物質や熱、情報の拡散の度合い、乱雑さを表す状態量のことを言い、宇宙には、そのままにしておけば、拡散の度合いや乱雑さが増大し、次第に崩壊と無秩序に向かってゆくという法則が一貫《いっかん》しているのです。

時の流れの中で、あらゆるものが拡散し、乱雑になり、平均化して、平衡状態に至ってゆく──。それは、地球上だけではなく、宇宙の隅々《すみずみ》にまで貫徹《かんてつ》する法則であり、すべてがバラバラに無秩序になってゆく「死の法則」でもあるのです。

それは人生と社会も劣化《れっか》させてしまう

その法則は、私たち人間の思惑《おもわく》や憶測《おくそく》、様々な想念が乱反射《らんはんしゃ》する人生や社会でも変わりなく一貫《いっかん》しています。

時の流れの過酷《かこく》さを一様《いちよう》に示しているエジプトのピラミッド、ギリシャのパルテノン神殿、イタリアのフォロ・ロマーノの遺跡《いせき》──。しかし、長い時にさらされ、風化し劣化してゆくのは、遺跡だけではないでしょう。

たとえば、紀元一世紀頃の古代ローマ帝国は五賢帝《ごけんてい》の時代を迎《むか》え、領土は地中海沿岸の全域を超え、東はメソポタミア、西はイベリア半島、北はブリタニア（現在の英国）、南はエジプトにまで拡大、その繁栄《はんえい》を誇《ほこ》っていました。しかし、その時代が過ぎると、各地で反乱が起こるようになり、経済の衰退《すいたい》に人心《じんしん》の乱れも加わって、やがて分裂し、滅亡してしまいます。

それは、始皇帝《しこうてい》（BC二五九〜BC二一〇）によって中国初の全国統一を果《は》たし、万里《ばんり》の長城《ちょうじょう》を築《きず》いた秦《しん》も、海抜四千メートルを超える高地に独自の文明を築いたインカ帝国も、みな同じです。栄華《えいが》を誇った文明も、やがて多くの矛盾《むじゅん》を抱《かか》えるようになり、かつての繁栄が嘘《うそ》のように衰退し、滅亡へと向かっていったのです。

そして、忘れてはならないのは、宇宙が抱《いだ》く崩壊《ほうかい》への流れを常《つね》に促進させてきたのが、人間の意識であるということです。

それは、遠い過去の文明の衰退のことだけではなく、たとえば、二〇〇八年秋のアメリカ大手証券会社リーマン・ブラザーズの破綻《はたん》を発端《ほったん》とした世界的な金融危機——。そこにもすべてを無秩序へと押し流そうとする力がはたらき、それを促進してしまった人間の意識があります。経済のグローバル化は、私たちに新たな可能性を開いたはずでした。しかし、人間の自己本位の欲望が入り込《こ》み、またたく間に歪《ひず》みを拡大して、破局をもたらしました。その破局の影響は、現在もあらゆるところに及《およ》び続けています。

もっと身近なことで言えば、スポーツや競技などで、負けるはずのない試合を次々と落として連敗から脱出できなくなってしまい、「悪循環に陥《おちい》っている」と監督が嘆《なげ》くことはよくあることです。また、仕事の失敗を取り戻《もど》そうとして、かえって失敗が続き、身動きが取れなくなってしまうということもあるでしょう。そこにも事態を暗転へ運び去ろうとする見えない力がはたらいていると言えます。

そもそも、私たちの人生は、思い通りにはならないことが続くことがあります。「悪いことは次々と起こる」「気づかぬうちに、物事は想像以上の深刻な事態になっていた」「打つ手打つ手がすべて裏目に出てしまい、どうしようもない状態に追い込まれてしまった」という実感はめずらしいものではありません。

振り返れば、私たちは、個々人の力を超える大きな力に翻弄《ほんろう》されているような体験を思い出すことができるのではないでしょうか。これらの現実には、必ずと言ってよいほど、無秩序への流れが関わっているのです。

無秩序への流れは、私たち人間の思惑《おもわく》を超えて、あらゆるものを崩壊《ほうかい》へと導いてゆきます。それは、人間の思い通りにはならないという意味で「不随《ふずい》の定《さだめ》」、すべてを壊《こわ》すという意味で「崩壊の定」と言うべきものなのです。

もう一つの原理——「生命」と「魂」を導く指導原理

宇宙にはたらく、すべてを無秩序へと押し流す流れ——「崩壊《ほうかい》の定《さだめ》」と「不随《ふずい》の定」を受けとめることは、私たちに大きな心構えを与えてくれます。

世界は、そのままにしておけば、無秩序に向かってゆく。思い通りにならず、ものが壊《こわ》れ、事態が歪《ひず》み、人間関係がこじれることも覚悟《かくご》しなければならない。

それが世界の前提であることを心に刻《きざ》むならば、私たちは、本当の意味でたくましく現実に向かうことができるはずです。そうであるからこそ、ものに対して、事態に対して、人との関わりに対して、「一つ一つを大切にしてゆこう」と心を込《こ》めることができるでしょう。

しかし、「魂の冒険」には、それだけでは十分ではないのです。道なき道を切り開いてゆく「魂の冒険」を応援してくれる「宇宙の力」があることを、私たちは知らなければなりません。

宇宙には、無秩序への流れ、崩壊・不随の定だけではなく、その流れに真《ま》っ向《こう》から立ち向かう力が存在しています。

その象徴の一つが「生命」です。

生命とは、自《みずか》ら熱を生み出し、新たな秩序をつくるものです。私たち自身を含《ふく》めて、あらゆる生命体は、外から摂取《せっしゅ》したエネルギーや栄養をまたたく間に分子レベルに分解して全身の細胞に送り込み、ほとんど全身が入れ替《か》わってしまうような新陳代謝《しんちんたいしゃ》を行いながらも、同時に、全体として変わることのない恒常性《こうじょうせい》を保っています。そこには、様々なものをその内に取り込んで、一つに結ぼうとする力がはたらいています。

生命あるものたち――私たちが目にする草花や木々、昆虫や動物たち、そして人間。それだけでなく、目に見えない微生物も、そのすべては、秩序から無秩序へ向かう圧倒的な宇宙の流れに抗《あらが》っています。無秩序から秩序を生み出し、物質から物質以上のものを生み出そうとしているのです。一切《いっさい》のものを秩序から無秩序へ、生から死へ押し流してゆく厳粛《げんしゅく》な流れの中にあって、生命は、まさに奇跡《きせき》のような現象です。

そして、無秩序への流れに抗うもう一つの象徴が、「魂」の存在です。

「魂」とは、私たち人間の本体、その深奥《しんおう》にある中心――。「魂」のことを、私は、「智慧《ちえ》持つ意志のエネルギー」と言ってきました。「魂」は、彼方《かなた》にある理想や願いを求めずにはいられず、そこに向かって、新たな秩序、調和、深化を生み出し、より気《け》高《だか》く、より高次の場所を志向するものだからです。

ドイツの詩人ノヴァーリス（一七七二～一八〇一）は、「魂」のことを、「物質から光になろうとする努力」と呼びました。実に巧《たく》みで本質を突《つ》いた表現です。なぜなら、宇宙を貫《つらぬ》く無秩序への流れとは、光が充満《じゅうまん》した宇宙が時間をかけて物質化してゆく流れそのものだからです。

光から始まり、それが次第に物質化してきた宇宙の中で、それに逆行するように光を志向し、それを生み出そうと力を尽《つ》くすのが「魂」なのです。

では、なぜこのような「生命」と「魂」が、この世界に存在しているのでしょうか。無秩序へ、そして物質化への圧倒的な宇宙の流れの中で、何が「生命」と「魂」をそのようにあらしめ、助けているのでしょうか。

それこそ、私が「指導原理」と呼んできたもう一つの流れ、もう一つの原理です。

「指導原理」――。それは、私たち人間、「生命」と「魂」を支《ささ》え導いている力であり、私たちの「魂の冒険」は、その助力抜《ぬ》きに果《は》たされるものではないのです。

「幸運」を連続させる人生の揚力《ようりょく》

「指導原理」は、私たちの人生に不思議な力を及《およ》ぼしています。あたかも、飛行機が揚力によって重力から解《と》き放《はな》たれて、大空高く自由に飛ぶことができるように、痛み、混乱、停滞《ていたい》、破壊《はかい》の現実を生み出す流れを逆行させて、歓《よろこ》び、調和、活性、創造を導こうとするのです。

私がこれまでお会いしてきた方々の中にも、こうした揚力を体験された方が何人もいらっしゃいます。そのお一人、大学の准《じゅん》教授として栄養学を教えていた西山昌江《にしやままさえ》さん（五十代、仮名）に起こったことをご紹介しましょう。

西山さんが、思いがけない傷害事件に巻き込《まこ》まれたのは数年前のことです。銀行のATMでお金を降《お》ろそうとしていたとき、突然、強盗にナイフで背中を刺《さ》されて深さ二十センチもの傷を負い、大量の出血によって瀕死《ひんし》の状態に陥《おちい》ってしまったのです。

こうした事件が起こり、それに巻き込まれるのは、私たちの世界にまさに崩壊《ほうかい》・不《ふ》随《ずい》の定《さだめ》がはたらいているということにほかなりません。しかしそれでも、西山さんは九死に一生を得て、奇跡的に生還し、社会復帰を果《は》たすことができました。

それは、事件の直後から、偶然とは言えない、いくつもの「幸運」が連鎖《れんさ》したからです。

第一に、西山さんが被《こうむ》った傷はかなり深かったにもかかわらず、あと数ミリのところで動脈までは達しておらず、犯人が刺したナイフを抜《ぬ》こうとしてもなぜか抜けなかったことです。もし抜けていたら、出血して即死していた可能性が高かったというのです。

第二に、ちょうどその場を非番《ひばん》の消防士の方が通りがかり、西山さんが倒れた直後に適切な止血《しけつ》を施《ほどこ》されたことです。

そして第三の幸運は、救急車で搬送《はんそう》された病院に、救急医療担当の医師五名の方が全員そろっていたこと。そのようなことはあまりないことだそうです。さらに、循環器専門の医師も急きょ駆《か》けつけてくださり、ある意味で最高の救急医療チームがその場でにわかにつくられたのです。

第四には、大量出血のため、身体《からだ》の全血液を一度入れ換えるほど（五リットル）の輸血が必要になりましたが、運び込まれた病院には、たまたま西山さんの血液型に合致する血液が五リットル以上大量に保管されており、即座に十分な輸血を行うことができたことです。これもまた滅多《めった》にないことでした。

病院に運ばれてからも、西山さんは死の危険を幾度《いくど》もかいくぐることになります。血圧が大きく降下《こうか》し、一時は二〇まで下がり、一度は上昇したものの、再び三〇まで下がってしまったのです。血圧が二〇、三〇まで下がってしまうと脈も振《ふ》れず、心臓がいつ止まってもおかしくない状態です。多臓器不全《たぞうきふぜん》という危険な状態にも陥りかねません。しかし、その危機からも再び持ち直していったのです。

治療に当たっていた医師の方々も、いくつもの難所を乗り越えてゆく西山さんの回復ぶりには驚《おどろ》きを禁じ得なかったそうです。

さらに、回復の過程でも、不思議な力ははたらき続けました。感染症《かんせんしょう》の危険も、後《こう》遺症《いしょう》の危険もありました。刺し傷によって足の神経の一部が切断されたため、「一命は取り留《と》めたとしても、一生、車椅子《いす》の生活になります」と宣告されていたにもかかわらず、西山さんは普通に歩けるまでに回復し、職場に復帰して、教鞭《きょうべん》をとることができるようになったのです。

西山さんの事件後の手術と回復の歩みには、「揚力」が生じていたとしか思えない軌跡《きせき》が示されています。それこそ、生命を支《ささ》え導く「指導原理」がはたらいた証《あかし》でしょう。

では、なぜこのとき「指導原理」がはたらいたのでしょうか。犯人に刺されたとき、西山さんには恐怖心や犯人に対する恨《うら》みの想いはまったくなかったと言います。「ああ、自分はまだ本当の人生を生きていない！　なすべきことをなしていない！」「もう一度生き直したい！」という強烈な想いだけがわき上がってきたのです。その強い後悔と願いに応《こた》えるように、見えざる力がはたらき、それからの「幸運」を導いていたように私には思われてなりません。

試練を越える道が現れるとき

様々な試練がもたらす人生の喪失《そうしつ》。その中には道を奪《うば》い、出口のない袋小路《ふくろこうじ》へと人を追い込《こ》んでしまうものがあります。しかし、そのような試練が襲《おそ》った場合でも、「指導原理」は、それを乗り越える新たな生き方に私たちを導こうとしてくれます。

たとえば、演奏会のステージで、突然、脳溢血《のういっけつ》によって倒れ、右半身不随《ふずい》となり、それ以来、右手が動かなくなってしまう——。それが、ピアニストにとってどれほど致命的であるのかは容易に想像ができます。四十年間、世界的に活躍していたピアニスト舘野泉《たてのいずみ》さんは、二〇〇二年、そのような試練に見舞《みま》われました。

日常生活もままならず、もうピアニストとしては生きてゆけないと絶望の淵《ふち》に沈《しず》む日々。友人から「ラベルの左手のための協奏曲を弾《ひ》けばいい」と勧《すす》められても、かえって癪《しゃく》にさわって「左手の曲なんて死んでも弾くものか」と思っていたそうです。

しかし、ある日、ヴァイオリニストである息子さんからそっと渡された左手のための小曲を弾いたとき、舘野さんの心に変化が起こりました。

「自分を閉じ込めていた厚い氷が溶《と》けて流れ去り、一瞬にして世界が開かれたんです。音楽をするのに、両手であろうと片手であろうと関係ない。左手だけで十分な表現ができる。何一つ不足はない、ということに気づいたんです」

それは、前章で触《ふ》れた「ユニバース体験」でもあったでしょう。そのとき、厚い氷を溶かして、世界を開き、舘野さんをその場所に運んでいったものは何だったのでしょうか。

それまで両手でピアノを弾くことにこだわり続け、左手で音楽を伝える世界に背を向けていたことに気づいた舘野さんは、倒れてから二年後、左手のピアニストとして新たな一歩を踏《ふ》み出します。各地で次々と演奏会を再開し、多くの作曲家が舘野さんのために左手の作品を作曲するなど、左手のピアノ音楽に新たな地平を開いていらっしゃいます。

「両手で弾いていたときよりも、すごく強いエモーションと感情を感じます」

そう言われる舘野さんの音楽は、片手で弾いているとは思えないほど豊かな広がりを湛《たた》え、以前にも増して、さらに多くの聴衆に深い感動を与え続けているのです。

内なる可能性を引き出す指導原理

人間という存在をひも解《と》く一つのキーワードは、「成長」です。

あらゆる生命には成長と衰退《すいたい》、上昇と下降という変化があります。多くの生命が誕生後、驚《おどろ》くべき成長の季節を生きて、やがて、時の移ろいとともに、衰退の季節を迎《むか》えます。

人間の肉体も二十代を過ぎると、様々な形で下降が始まります。しかし、肉体的な力は衰《おとろ》えても、精神的な力、魂の力は同じように衰えてゆくものではありません。

たとえば、肉体的機能としての短期記憶の能力は、二十代後半から少しずつ衰えてゆきますが、人間の経験に基《もと》づく総合的な判断力は、加齢《かれい》によって下降することなく、上昇し続けることが知られています。経験に基づく総合的な判断力とは、「引き出された魂の力」と言い換《か》えることもできるでしょう。つまり、魂の力は、一生の間、成長し続けるということであり、人間の成長には限界はないのです。

それを証明するように、普通ならリタイアの時期を迎える頃なのに、そこから新たな挑戦を果《は》たしてゆく人たちがいます。

たとえば、江戸時代に欧米に負けない正確な日本地図をつくった伊能忠敬《いのうただたか》（一七四五～一八一八）が、養子にもらわれた伊能家の再興《さいこう》に長い間力を尽《つ》くした後、念願の測量を始めたのは、何と当時の寿命《じゅみょう》とも言える五十歳のときでした。

七十五歳になってから、初めて本格的に絵筆《えふで》をとり、画家としての歩みを始めた女性アンナ・メアリー・ロバートソン・モーゼス（一八六〇～一九六一）もそうです。グランマ・モーゼス（モーゼスおばあちゃん）の名で親しまれている彼女は、アメリカ・ニューヨーク州の小村グリニッチに生まれ、その生涯《しょうがい》のほとんどを農家の主婦として働き、十人の子どもを産《う》み育てました。六十七歳で夫を亡《な》くし、持病のリウマチはひどくなっていましたが、その後、絵筆をとるのです。

初めての個展を開いたのは八十歳、一〇一歳で亡くなるまでの間に千六百点もの作品を生み出しました。彼女が描《えが》いたのは、窓から見た谷の眺《なが》め、クリスマス、ハロウィーン、雪の日など、当時失《うしな》われつつあった古きよき時代の農村の風景でした。温《あたた》かく素朴《そぼく》な暮らしを描いたその作品は、謙虚《けんきょ》で控《ひか》えめな彼女の人生とともに多くの人々の共感を呼びました。

私たちの周囲を見回せば、数え切れない人たちが老いの季節の中にあって、仕事や社会活動、学問への挑戦や趣味において、様々に新たな挑戦を果たしています。

高齢であることは、体力ひとつとっても挑戦には厳《きび》しい条件です。それに抗《こう》して、新たな挑戦を果たすことができるのは、その人たちの中に確かな内なる力があるからであり、そんな人たちを応援する「指導原理」がはたらいていることを思わずにはいられないのです。

私たちの中に眠っている知られざる可能性――。宇宙の「指導原理」は、そのような未知なる力を引き出そう、引き出そうと私たちにはたらきかけるのです。

「人生の仕事」へと導く指導原理

さらに、「指導原理」は、人生の転機を導き、その人を「人生の仕事」へと誘《いざな》うかのようにはたらくことがあります。

良家《りょうけ》の子女として生まれた井深八重《いぶかやえ》氏（一八九七〜一九八九）は、女学校の英語教師をしていた二十二歳のとき、突然、当時不治《ふち》の病だったハンセン病と診断され、隔離《かくり》入院を余儀《よぎ》なくされます。「一生流す涙を一週間で流し尽《つ》くした」と、そのときのことを後年述べています。しかし、一年後、誤診《ごしん》であったことを知らされ、退院を勧《すす》められますが、「もし許されるのであれば、ここにとどまって働きたい」と申し出て、看護師となり、ハンセン病患者のために生きることを決心します。その後、六十年以上にわたって、まさにハンセン病患者の方々のために生涯《しょうがい》を捧《ささ》げ、力を尽くしたのです。

わが国における福祉事業の実践家の一人として知られる阿部志郎《あべしろう》氏（一九二六〜）は、その井深氏との出会いが人生の転機となった方です。

東京商科大学（現一橋大学）で経済学を専攻し、将来、実業家として活躍することをめざしていた阿部氏は、卒業の前年、アルバイトの帰途《きと》にふと思い立って御殿場《ごてんば》にあったハンセン病療養所を見学しました。

そのとき、たまたま出会った一人の看護師の姿に、存在を揺《ゆ》さぶられるような衝撃を受けます。

ハンセン病患者一人ひとりに献身的に関わり、しかも内からわき起こる深い歓《よろこ》びを湛《たた》えて懸命に尽くしている姿に、「私も、この看護師のように生きたい——」と密《ひそ》かに決心するのです。

「一人の無名の看護師が私にもたらした感動は、まさに一種のインスピレーションであった。それは、実業界から社会福祉へと、志望転回《てんかい》を決意させる踏《ふ》み台の役割を果《は》たすことになった」。そう語る阿部氏は、実業家への道から福祉の世界へと大きく方向転換し、以来、半世紀以上にわたり、わが国の社会福祉の発展に貢献《こうけん》してこられました。

阿部氏は、その看護師が井深八重氏であったことを、その出会いの八年後に知ったと言われています。

井深氏が誤診によって、ハンセン病患者のために生きる運命と出会ったように、その井深氏の存在が、今度は一人の青年の人生を大きく変える出会いをもたらしました。それはともに、それぞれの想いを超える運命的な出会いとなったのです。

井深氏も阿部氏も、当初描《えが》いていた人生の軌道《きどう》を、一つの出来事、一つの出会い、一つのきっかけによって、大きく外《はず》れてゆき、そこで人生の仕事とも言うべきものに導かれているのです。偶然のように見える出会いやきっかけに、偶然を超える意味が孕《はら》まれていることが明らかになってゆく――。私たちは、そこに、「指導原理」がはたらいていることを感じることができるでしょう。

歴史に変革を導き、新たな時代を呼び出す力がある――時代衝動《しょうどう》のうねり

「指導原理」は、私たち一人ひとりの人生を導くだけではありません。私たちが身を置いている時代や社会にもはたらきかけることがあります。その時代、社会に託《たく》された青写真が現れるとき、そこには何かが時代を揺《ゆ》り動かし、何かが社会を後押ししていたとしか考えられないような痕跡《こんせき》があります。

たとえば、紀元前五世紀からの同時期に、多くの精神的指導者が現れたことが知られています。中国では人間の仁《じん》と礼《れい》の道を示した孔子《こうし》（ＢＣ五五一〜ＢＣ四七九）、性善説を唱《とな》えた孟子《もうし》（ＢＣ三七二？〜ＢＣ二八九）、無為自然《むいしぜん》を説いた老子《ろうし》（生没年不詳、ＢＣ五世紀頃）や荘子《そうし》（生没年不詳、ＢＣ四世紀後半頃）、インドで苦しみから脱《だつ》する道を説いたブッダ（ＢＣ四六三〜ＢＣ三八三頃）。

また、ギリシャで無知の自覚と智慧《ちえ》の希求を訴《うった》えたソクラテス（ＢＣ四六九頃〜ＢＣ三九九）、その後のプラトン（ＢＣ四二七〜ＢＣ三四七）やアリストテレス（ＢＣ三八四〜ＢＣ三二二）らが、まるで申し合わせたかのように、それぞれの思想を説き、世界にいくつもの精神潮流《ちょうりゅう》が生まれていったのです。

その後、二千年を超える人類の思想や宗教や哲学は、ほとんどこの時代にその源流があると言ってよいほど、思想革命とも精神革命とも呼ぶべき変化の波が起こった時代でした。

六世紀にも、大きな時代衝動とでも呼ぶべきうねりが見られます。

ヨーロッパはキリスト教、西アジアはイスラム教、南アジアはヒンドゥー教、そして東アジアは仏教によって、ユーラシア大陸全域にわたって数多くの民族や国家が、より普遍性《ふへんせい》の高い宗教のもとに結びつき、一層高次の文明圏へと新たに編《あ》み直されていったのです。

さらに、十六〜十七世紀にも大きな地殻《ちかく》変動が起こっています。宗教改革と時を同じくしてルネサンスから生まれた科学の潮流です。地動説を唱えたコペルニクス（一四七三〜一五四三）、ジョルダーノ・ブルーノ（一五四八〜一六〇〇）、さらにガリレイ（一五六四〜一六四二）、ケプラー（一五七一〜一六三〇）らが次々と現れ、デカルト（一五九六〜一六五〇）、ニュートン（一六四二〜一七二七）に至《いた》って、いわゆる科学革命が完成されました。その後、近代になって世界中を席巻《せっけん》することになった産業革命は、この時期の科学革命なくしてはあり得ません。

しかも、産業革命直前の十七世紀から十八世紀にかけてヨーロッパの人口がなぜか増加し、産業革命後、大量に必要となる労働力をあらかじめ確保したように見えるのです。見えざる意志が、新たな時代のために周到《しゅうとう》な準備を整《ととの》えたと思えるほどです。

また、十九世紀半ばから後半にも、フランスの二月革命をはじめヨーロッパ各地に広がった自由主義運動やアメリカにおける奴隷《どれい》解放、わが国の明治維新《いしん》など、封建《ほうけん》制度の圧力に抗《こう》して人間の自由回復を叫《さけ》ぶ声が世界各地で同時に巻《ま》き起こり、響き合うようにして人類全体が新たな次元に移行しようとするうねりが見られます。

そして、私たちが生きている現代、この二十一世紀にも、大きな時代衝動が訪《おとず》れているのです。

物質的な価値の追求に明け暮《く》れた二十世紀。その残滓《ざんし》のようにあらわになった経済の動揺《どうよう》と未来の見えない重苦しい閉塞感《へいそくかん》――。それは、外側への拡大ではなく、内なるものへの深化、まさに真の霊性、人間が魂として人生を生きる新たなステージを開くことを呼びかけられている時なのです。

宇宙は、指導原理によって人間を応援している

宇宙自然の中に、そして人間の歴史や一人ひとりの人生の歩みの中に、生命を育み、「痛み」を「歓《よろこ》び」に、「混乱」を「調和」に、「停滞《ていたい》」を「活性」に、「破壊《はかい》」を「創

造」に運ぼうとし、時に私たちの人生を一瞬にして変えてしまう力がはたらいていることをお感じいただけたでしょうか。

「指導原理」は、万象万物《ばんしょうばんぶつ》を生かし育み、その個性がもっとも輝《かがや》くように、その存在の本質をあらわにするようにはたらきます。一切《いっさい》の深化と成長を導いてやまず、植物の種《たね》を芽吹《めぶ》かせ、昆虫や鳥たちの卵を孵化《ふか》させ、成長へと導く力です。

そして、人間もまたこの「指導原理」に導かれ、深化の道を辿《たど》っている存在です。痛みと歓び、混乱と調和、そして停滞と活性、破壊と創造の相克《そうこく》に堪《た》えて生きている私たち人間とその世界に、「指導原理」ははたらきかけてくるのです。

物質への流れの中にあって生命を生み出そうとしたように、宇宙は、「指導原理」という不思議な力によって、人間を応援しています。人間が、闇を光に転じ、この世界に新たな調和を創造することができるように、導こうとしているのです。

指導原理を強く意識して生きる

多くの人は、今、自分が宇宙と密接につながっていることも、そして目には見えない「指導原理」が自《みずか》らの人生を常《つね》に導こうとしていることも、忘れてしまっています。忙《いそが》しい日々の中で、「そんなことは考えたことがない。考えたって意味があるとは思えない。気休めに過ぎない」と思う方もいるでしょう。

しかし、地球にはたらく見えない地磁気《ちじき》が、羅針盤《らしんばん》を通じて、大海原《おおうなばら》を航海する船を導き続けているように、私たちの人生を導こうとし続けている不思議な力——「指導原理」は、間違いなく存在しています。

もしあなたが、その力とつながって、これまで想像もしなかった新たな現実を開くことができるとしたら、どうでしょうか。

「指導原理」に乗っているとき、私たちは、自分という一人の人間の力を超えた、大きな力に支《ささ》えられていることを実感することになります。

渡り鳥が、何千キロ、何万キロの距離を、食も摂《と》らず休むこともなく、また行き先を間違うことなく正確に飛び続けるように、どうしても超えられなかった壁《かべ》、いつも繰《く》り返す失敗を乗り越え、新たな自由な人生へと羽《は》ばたくことができる——。

その道は、実は、誰《だれ》にも常に開かれているのです。

そして、私たちの「魂の冒険」には、この「指導原理」の助力が必要です。

そのために、「指導原理」を自分に引き寄せる第一歩は、まず、そのような「指導原理」が宇宙にはたらいていることを強く意識することです。自分が助力を必要としているときだけでなく、好調で独《ひと》りで何でもできそうなときにも、すでに「指導原理」に助けられていると意識する——。意識することなしに「指導原理」をよく引き寄せることはできません。

そして、自分のめざすべき場所、果《は》たしたい願いを明らかにし、そこに向かう自分の心を整《ととの》え、助力者との協力関係を確かにすること。自分の心、そして助力者との関わりに光を満たすことです。その調和と深化が生まれれば、「指導原理」は、自《おの》ずとはたらき始めるのです。

第3章

目的地

——人生はそのテーマを教えてくれる

昨日《きのう》まで最新だったものが
今日《きょう》を迎《むか》えた途端《とたん》、次の最新にとって代わられる。
ずっと確かだと認《みと》められていたものが
気づいてみれば、その約束を反故《ほご》にされている。

世界は、あたかも無作為《むさくい》と無秩序の巣窟《そうくつ》である。
めまぐるしく繰《く》り広げられる日常にあって
冒険の始まりにあった挑戦の必然は忘れ去られ
冒険者たちは、行くべき目的地を見失《みうしな》っている。

何の脈絡《みゃくらく》もなく私たちを襲《おそ》う出来事――。
しかし、この世界に生じる一切《いっさい》に、偶然なるものはない。

なぜその出来事に出会ったのか——。
なぜそれが私でなければならなかったのか——。

注意深く眺《なが》めるならば、「偶然」に思えるその出来事の背後に
「必然」の影を認めることができる。
個々の「必然」は、一つ、また一つとつながって
巨大な「大必然」のネットワークをつくり出すのである。
あなたの人生は、その大必然のネットワークの中で営《いとな》まれている。

私たちはどこに運ばれているのか

昔、中国の北の城塞《じょうさい》に住む一人の老人がいました。大切にしていた馬が逃《に》げていなくなってしまったとき、周囲の人たちは慰《なぐさ》めましたが、老人は首を振って言いました。

「いや、これが幸福にならないとも限らない……」

すると、その馬が荒れ馬の群れを引き連《つ》れて戻《もど》ってきたのです。今度は周囲の人たちは口々にうらやみましたが、老人は言いました。

「いや、これが災《わざわ》いにならないとも限らない……」

しばらくして、その馬に乗った息子が落馬《らくば》して足に大けがを負《お》ってしまいます。そのことを人々は憐《あわ》れんで慰めましたが、老人は再び「いや、これが幸福にならないとも限らない……」と言ったのです。

すると、北方の胡《こ》との戦争が起こり、村の若者はみな駆《か》り出されて死んでしまい、けがをした息子だけが生き残ることができたのです。……

これは、有名な故事《こじ》「人間万事塞翁《さいおう》が馬《うま》」の一節です。人間とは世の中のこと。「世の中は、万事がこの老人の馬のようなものだ」。すなわち「人間の幸不幸は予想がつかない。禍福《かふく》はあざなえる縄《なわ》のごときものである」と教えているといってよいでしょう。

言葉を換《か》えるなら、この故事は「人間の運命は、一人ひとりの想いを遥《はる》かに超えたものだ」と語っているように思えます。私たち人間が「良かった、悪かった」「成功だ、失敗だ」と一喜一憂《いっきいちゆう》している間も、そんな想いを超越して運命は起伏《きふく》をつくって進んでゆくのです。

自分を超えた、計《はか》り知れない力が私たちの人生にははたらいている――。

そのような実感にうなずかれる人は少なくはないでしょう。では、この自分を超える大きな力、人生を揺《ゆ》り動かす力は、私たちをどこに運ぼうとしているのでしょうか。私たちの「魂の冒険」の目的地はどこにあるのか、それを尋《たず》ねるのが本章の目的です。

そして、そのためには、私たちが身につけなければならない感覚があるのです。

人生を変えてしまう「出会い」がある

目の前に大きな壁《かべ》が立ちはだかり、どうにもならない限界感を感じてしまうとき、私たちはよく、大空を見上げて深呼吸をしたり、どこまでも青く広がる海を眺《なが》めて心が和《なご》み、「もう一度やり直そう」と、気持ちを立て直したりすることがあります。

そうした自然との出会いが人生そのものに影響を与えることは、決して少なくありません。たとえば、二〇〇九年、日本では四十六年ぶりとなる皆既《かいき》日食が観測されましたが、宇宙飛行士の毛利衛《もうりまもる》氏は、幼《おさな》いときに皆既日食を見たことが、科学者への道を歩む大きなきっかけになったと言います。

それは、自然との出会いばかりでなく、「もし、この人と出会わなかったら、私の人生は、いったいどうなっていただろう」と思うような人との出会いを体験している方も、決して少なくないでしょう。

世界的な指揮者として活躍し、ウィーン国立歌劇場の音楽監督も務《つと》めた小澤征爾《おざわせいじ》氏は、恩師《おんし》の齋藤秀雄《さいとうひでお》氏(一九〇二〜七四)について、「齋藤先生がいなかったら、僕も秋山(和慶《かずよし》)も、そして、多分、岩城《いわき》(宏之)さんも若杉(弘)さんも出なかっただろう」（秋山氏、岩城氏、若杉氏はともに世界的な指揮者）と語り、震《ふる》え上がるほど厳《きび》しい指導を受けながら、音楽の基礎を徹底してたたき込《こ》まれたことを述懐《じゅっかい》されています。

そして、齋藤氏から学んだことがどれほど大きかったか、日が経《た》つにつれてその実感が深まってきていることを、あるインタビューで次のように語っています。

「齋藤先生から基礎を教わり、伝統のことも教えられたわけですが、もしかすると本当に一番大事だったのは、音楽をする精神ではなかったかということですね」「決して外国のオーケストラを指揮して、僕が技術でとりおさえているのではないのです。また技術だけでおさえ切れるようなオーケストラではないのです。それは、僕が特にそうした面が優《すぐ》れていたというわけではなく、音楽する気持ち、人間は何のために音楽をするのか、表現とは何か、という精神が（齋藤氏の弟子の）皆と会ってみると一致している。そのように表現の表側だけではなくて内側も大切だということがわかったのが重要だったのです」

齋藤氏に学んだ後、欧米に渡ってからも多くの出会いに恵まれ、ボストン交響楽団やベルリンフィル、ウィーンフィルなど、世界有数の楽団の指揮を長年にわたって務め上げてきた小澤氏——。その小澤氏の人生に決定的な影響を与えたのが、まさに齋藤氏との出会いであったということです。

そして師亡《な》き後、その恩に応《こた》えるように小澤氏は、普段《ふだん》の活動とは別に、世界中で活躍する齋藤氏の教え子たちに呼びかけ、夏の期間を中心にサイトウ・キネン・オーケストラを結成、自発性に富んだ優れた演奏で多くの聴衆に感動を与えているのです。

「出会い」には人智《じんち》を超えた意図《いと》がある

みなさんも、一人の人との出会いが、一冊の本との出会いが、あるいは一つの歌や映画との出会いが、その後の人生に大きな影響を与えたという体験をお持ちのことと思います。それが人生を決定づけたという方もいらっしゃるでしょう。

成績のことで悩《なや》んでいたとき、そんな自分の中にも可能性があることを信じてくれた教師に励《はげ》まされ、その後、学校の教師としての道を歩み始めたという方。

幼《おさな》い頃、「大きくなったら、絶対に人の役に立つ仕事に就《つ》こう」と友だちと交《か》わした約束が、その後もずっと心を離れず、人生の方向性を決める鍵《かぎ》となったという方。また、たまたま友人の引っ越しの手伝いに行ったとき、そこで手にした一冊の本にものすごく惹《ひ》かれ、その後の人生の軌道《きどう》が大きく変わったという方……。

一度の出会いによって、人生が開かれる。一度の出会いによって、新しい流れがあふれ出す。そして、一度の出会いによって、新しい自分に目覚《めざ》めることができる。それが「出会い」というものです。

でも、その出会いは、初めからそのような影響を与えるとわかっていたのでしょうか。多くの場合、それは想像もつかないことだったはずです。

一つ一つの「出会い」には、出会いに至《いた》った明らかな理由があります。家が近所だから出会った、中学の転校生同士だった、高校のクラブが一緒だったから出会った、職場が同じになったから出会った、取引先の担当者として出会った、仕事の打ち合わせで出会った、事故が起こってたまたまそこに居合《いあ》わせた……。

それらは、確かに出会いの理由です。しかし、出会いのきっかけ、いきさつであり、表面的な理由に過ぎません。出会いには、外側からはわからない「深層《しんそう》の理由」があります。本当になぜ、出会ったのか、そこに託《たく》されている意味――その「深層の理由」こそ、私たちの人生や現実を大きく変えてゆく力を持つのです。

私自身、様々な出会いを重ねてゆけばゆくほど、出会いの不思議さは強まるばかりです。たとえ自分が設定した出会いでも、目的や狙《ねら》いを重々承知の出会いでも、それでもその出会いには、私たちに捉《とら》えきれない何かがあります。

出会いが孕《はら》む意味を考えれば考えるほど、私は、そこに人智を超えた意図があることをお伝えせずにはいられません。

出会いは、人にはつくれない――。それは、人生をかけた私の感慨《かんがい》です。

出会いは偶然の産物ではない

もし、私たちが「出会いや出来事は、ただの偶然に過ぎない。そこに特別な意味があるとは思えない」という感覚を持っていたらどうでしょう。意識せずとも、私たちは、一つの生き方を選択していることになります。

つまり、訪《おとず》れる出会いや出来事を、必ず眼に見える価値や利害で計《はか》るようになるということです。今の自分にとって明らかに価値のあること、利益のあることをよしとし、それ以外は大した意味はないとしてしまう。たとえば、好きか嫌いか、損か得か、善か悪か、価値があるかないか……など、ものごとを二つに分けて、意味のある方、価値のある方だけをよしとする態度、仏教で「二見《にけん》」と呼ぶ生き方になるのです。

それは、即物的で現実的な態度とも言えますが、私たちは、「二見」の態度によって、必ず一つ一つの現実に一喜一憂《いっきいちゆう》を繰《く》り返すことになります。うまくゆけば喜び、うまくゆかなければ失望する……。そして、出会いや出来事の多くを「意味がない。価値がない」と切り捨てざるを得ません。

「出会いは偶然に過ぎない」という感覚の人にとっては、その出会いが集まった人生も偶然の産物になってしまいます。

「私は、たまたま生まれてきただけ。生まれてきたことに特別な意味があるとは思えない」と人生を受けとめ、「だからなるようになるだけ」という人生が次々につくられてしまうでしょう。そのうえ、「どうせ人生はこんなもの」というニヒリズムが引き出されることになるのです。

しかし、自分の人生を価値がなく意味のないものだと決めつけてしまったら、あまりにも虚《むな》しいことにならないでしょうか。それは、誤《あやま》った常識が引き起こしている錯《さっ》覚《かく》であることに私たちは気づかなければならないのです。

すべての出会いが「意味の地層」を湛《たた》えている

私たちが経験する出来事、私たちの許《もと》にやってくる出会いのすべては、その内に「意味の地層」（次頁の図を参照）とも言うべきものを抱《いだ》いています。出会いも出来事も、表面的な印象や常識的な意味だけではなく、その奥に幾重《いくえ》もの意味を湛えているのです。

仕事で出会った人がその後、かけがえのない友人になることはめずらしいことではないでしょう。車で事故が起こり、相手と話し合いを持つことになって、それが新たな仕事につながったり、誕生日のプレゼントにもらった映画のＤＶＤを何気《なにげ》なく見たことから、人生が大きく変わっていったりすることもあります。さらに、かつてない

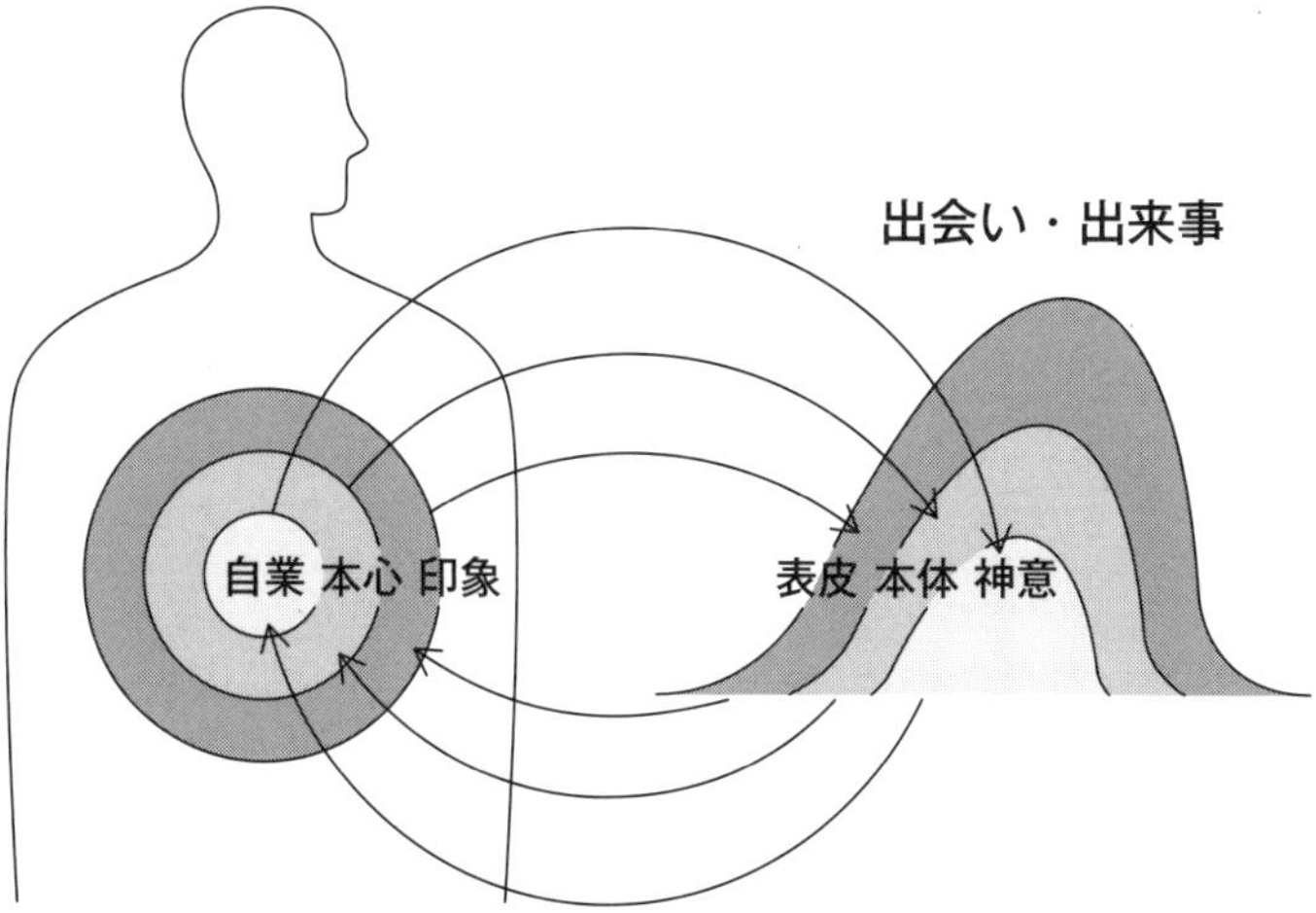

図　出会いと出来事は、「意味の地層」を湛えている

失敗をしたことから人生の仕事とも言えるテーマを見出《みいだ》してしまうこともあります。

それらの出会いと出来事は、当初受けとめられた意味よりもっと深い意味を持っていたということです。

「意味の地層」は、非常に複雑で重層的な階層を示しますが、大きく捉《とら》えるなら、すべての出会いと出来事は「表皮《ひょうひ》」「本体《ほんたい》」「神意《しんい》」という三つの階層で受けとめることができると私は考えています。

「表皮」とは、外側から見える姿形《すがたかたち》。表面的な意味ということです。「本体」

とは、その内側に息づく「いのち」であり、本質的な意味。「神意」とは、そこに託《たく》されている宇宙の意志、大いなる存在・神からのメッセージと言えます。

この「意味の地層」を受けとめるには、私たちの心のあり方や姿勢が大きく関わってきます。前頁の図のように、出会いや出来事の意味の階層と、私たちの心のはたらき方は、互《たが》いに「対《つい》」になっているからです。

もし、私たちがものごとを「印象」で捉えるなら、私たちはその「表皮」しか受けとめることができません。快苦の感覚やありきたりの常識で見れば、出会いや出来事の表面的な形や常識的なレッテルにとらわれてしまうのです。

では、私たちが「本心」で事態に向かうことができるならどうでしょう。きっと事態の「本体」が見えてくるに違いありません。自分が今、大切にすべきことを自覚して、思い込《こ》みではない事実を見つめ、そしてその事態に関わる人たちの状況や心情も受けとめることができるなら、その事態が持っている大切な意味を捉え損《そこ》なうことはないでしょう。

さらに、私たちが「自業《じごう》」のまなざしを持って出会いと出来事を受けとめるなら、そこに孕《はら》まれた「神意」を読み解《と》くことができます。

ここでの「自業」とは、「自分に流れ込んでいるいのちの流れ」というほどの意味の言葉で、「自業」のまなざしとは、私たちが人生の中で経験する出会いや出来事のすべては、私たち自身にしか生きることのできないものであり、それは私たちが果《は》たすべき使命を教えていると受けとめる見方のことです。その見方でものごとを受けとめるなら、私たちは、そこに託されている大いなる存在・神からのメッセージを聴き取ることができるのです。

さあ、いかがでしょう。私たちの人生を導いている出会いの数々——。それは、平凡な日常の中に何気ない顔で、偶然を装《よそお》いながら、さりげなく私たちの許にやってくるもの。しかし、その出会いは、必ずそこに孕まれている深層の意味を私たちに語りかけているのです。

その出会いが生まれた背景に、何が横たわっているのか。その出会いが運んでいる深層の意味とは何なのか——。それらすべてを感じることができなくても、その出会いに孕まれているいのちに想いを馳《は》せるところから、深みへの旅は始まります。

何かが確かにつながっている——シンクロニシティが誘《いざな》う絆《きずな》の世界

そのことを考えるうえで示唆《しさ》を与えてくれるのが、「シンクロニシティ」と「セレンディピティ」という事態に対する捉《とら》え方です。

シンクロニシティとは、「意味ある偶然の一致」のことを言い、最初にこの概念を提唱《ていしょう》した心理学者のユング（一八七五～一九六一）自身も、物質次元の因果律《いんがりつ》では捉えきれない不思議な体験を何度もしていました。

特に有名な例が、治療中の女性の患者が、黄金のスカラベ（コガネムシ）が出てくる夢《ゆめ》のことを語っていたときに、診察室の窓《まど》から、スカラベが飛び込《こ》んできたというものです。それまで合理主義的な態度を崩《くず》さなかったその女性の態度は一変《いっぺん》し、それ以降、実《みの》りある治療を行うことができたと言います。

彼女は、その「偶然の一致」によって、自分と世界が深くつながっていることを、言葉を超えて感じたのではないでしょうか。そして、そのことで彼女の何かが変容《へんよう》し、ユング（を含《ふく》めた世界）に対して心を開くことができたということなのだと思います。

こうした事例は、私たちの人生の中にも起こっていることです。

たとえば、休みの日に、今、手がけている仕事のことを考えながら新聞をめくると、視線の先に同じテーマの本の広告が飛び込んでくる。また、最近ずっと出会っていなかった友人のことをふと思い出し、「今、どうしているかな」と思った瞬間に、その友人から電話がかかってくる。何の脈絡《みゃくらく》もなく、ある人のことが妙《みょう》に気になったり、あるいは、夢の中で久しぶりにその姿を見た直後に、その方が他界したという知らせが入ったりするなど、きっとみなさんの中にも同様の体験をしている方が少なくないと思います。

そのようなとき、私たちは、言葉にならない不思議な気持ちを抱《いだ》きます。あえて言葉にするなら、「ここには何か必然がある。自分と世界は確かにつながっている」という想い——。

見えないつながりの次元からのメッセージを受け取ったような感慨《かんがい》を覚《おぼ》えるのです。人生の中に立ち現れる出会いが、決して偶然に起こっているのではなく、見えない意志によって導かれていると感じるのも、こうした瞬間ではないでしょうか。

思いもかけない人生転換の鍵《かぎ》がある——セレンディピティが教える出会いの秘密

一方、セレンディピティとは、何かを探《さが》しているときに、探しているものとは別の価値あるものを見つけ出すこと、またその能力のことを指す言葉です。

古くは、アルキメデス（BC二八七頃～BC二一二）が、お風呂からあふれる水を見て浮力《ふりょく》の原理を発見したり、ニュートンが、リンゴが木から落ちるのを見て万有《ばんゆう》引力の法則を発見したり、あるいは、フレミング（一八八一～一九五五）が、放置されたことで培養皿《ばいようざら》に繁殖《はんしょく》してしまった青カビからペニシリンを発見したことなどが知られています。

また、電子レンジの原理の発見は、レーダー設置の技術者だったパーシー・スペンサー（一八九四～一九七〇）が、作動中のマグネトロンの前に立っていたとき、ポケットの中のピーナッツバーが溶《と》けているのに気づき、マイクロ波が調理に応用できそうだと着想したことがきっかけでした。

さらにマジックテープ（ベルクロテープ）は、一九四八年、スイスのジョルジュ・デ・メストラル（一九〇七～九〇）が、愛犬を連《つ》れて山奥に狩《か》りに出かけたとき、自分の服や愛犬の毛に張り付いた野生ゴボウの実に着想を得て発明したものです。

二〇〇二年にノーベル化学賞を受賞した田中耕一《こういち》氏もそうでした。実験で使用する試料に誤《あやま》ってグリセリンを混ぜてしまい、すぐに間違いだとわかったものの、試料を捨ててしまうのは「もったいない」と、失敗した試料を使って実験を行い、レーザーを連続照射《しょうしゃ》して観察を続けた結果、これまでにない現象を世界で初めて観察したことが、ノーベル賞受賞につながる発見のきっかけとなりました。

レントゲン（一八四五〜一九二三）によるX線《エックス》の発見、ノーベル（一八三三〜九六）によるダイナマイト製造法の発見、ファラデー（一七九一〜一八六七）による電磁誘導《でんじゆうどう》の発見、キュリー夫妻によるラジウムの発見など、科学におけるセレンディピティの事例は、枚挙《まいきょ》にいとまがありません。

どの発見も、一見《いっけん》すると「無関係」と思える出来事の中に、また、普通なら「失敗」と片づけてしまうような出来事の中に、偶然を超えた必然の意味を見出《みいだ》しています。

もしそれを「単なる偶然」「無意味」「無関係」と捉《とら》えていたら、その発見は起こらなかったでしょう。

人生においても、まったく同じことが言えます。

取り立てて意味がないと思えるような出会いの中に、あるいは、人生の失敗や汚点《おてん》と退《しりぞ》けたくなるような出来事の中に、あなたを思いもかけない人生の転換に導く鍵《かぎ》があるかもしれないということです。

それはまた、第7章で触《ふ》れる「呼びかけ」ということでもあります。一つの出会いや出来事は、私たちに何かを呼びかけているのです。私たちが気づかなければならないこと、とどまらなければならないこと、超えなければならないこと、改めなければならないこと、引き受けなければならないことを伝えようとしている——。

そして、一つ一つの出会いや出来事には、私たちの意図《いと》を遙《はる》かに超えた意味が湛《たた》えられていると感じられるようになったとき、あなたの人生は、大きく変貌《へんぼう》を遂《と》げてゆくのです。

「人生の星座」が現れるとき

一つの出会いに私たちの想いを超えた意味が託《たく》されているなら、その出会いが無数に連《つら》なった人生には、どれほどの意味が託されることになるでしょう。

人生には、不思議な作用がはたらいています。人生自体が調和を求め、何かを成就《じょうじゅ》しようとし、深化と完成をめざしているのです。

そして、ただ懸命《けんめい》に目の前のことに応《こた》えるように生きてきた人生だったが、今、振り返ってみると、何か数え切れない出会いや出来事がつくる「人生の形」が見えてくるようだ——。そう感じている人もいらっしゃるでしょう。

先日、テレビ番組の中で紹介された落語家の立川志《たてかわし》の輔《すけ》氏の人生は、まさにそのことを感じさせてくれるものでした。

志の輔氏は、五歳の頃、母親を亡《な》くし、父親と別れて祖父母の家で暮《く》らすようになりました。物心がついたばかりの幼《おさな》い子にとって、その出来事はどれほど大きな打撃であり、どれほどの心細さをもたらしたでしょうか。

祖父は金属細工《ざいく》の職人でしたが、戦時中に金属拠出《きょしゅつ》が命じられて仕事を続けることができなくなると、その後は道具屋を営《いとな》むようになりました。古伊万里《こいまり》の皿やお目当ての品《しな》を求めて店に来るお客相手に、道具談義に花を咲《さ》かせていました。

祖父は愉快《ゆかい》な人で、含蓄《がんちく》のある話をしていたかと思えば、駄洒落《だじゃれ》や冗談《じょうだん》を言っては人を笑《わら》わせたり、楽しませたりしていました。話し好きで、なぜか夕飯時になるとあちこちの知り合いの家に行っては迷惑も顧《かえり》みずに話し込《こ》み、志の輔氏は、祖母に言われてよく迎《むか》えに行ったと言います。彼は、そんな祖父が大好きでした。

落語を知ったのも、落語好きだった祖父の膝《ひざ》の上でよく一緒にテレビの落語を見ていたからでした。面白い祖父の許《もと》で育った志の輔氏は、いつしか落語への興味を抱《いだ》くようになり、やがてプロの落語家としての人生を歩むようになったのです。

そして、改めて幼い頃を振り返って思います。

あの頃、面白い人だと感じていた祖父――。その祖父は、もともとあんなに面白い人だったのだろうか。もしかすると、つらく悲しい生《お》い立ちを背負うことになった孫に寂《さび》しい想いをさせまいと、面白い祖父になってくれたのではなかったのか。

自分は祖父の許で、寂しい想いをすることなく、つらい過去もほとんど思い出さずに育ててもらった。そのことを心から感謝している――。

志の輔氏は、幼くして母を失《うしな》い、父と別れたことで、独《ひと》り祖父母の許に赴《おもむ》かなければばなりませんでした。しかし、そこでの生活が、優《やさ》しく面白い祖父との関わりを与え、滋味《じみ》あふれる人と人の会話、関わりを見せてくれました。さらに落語との心惹《ひ》かれる出会いもつくってくれました。その後の落語家としての人生が、そこから始まっていったのです。

それだけではありません。その生活は、志の輔氏を落語へと導いただけではなく、縁《えん》となってくれた祖父たちの人生にも少なからぬ変化をもたらしました。孫に対する愛情が祖父自身の優しさと人間味を強めたのです。

いかんともしがたい理由によって、人生にもたらされる苦難の時。偶然の災厄《さいやく》のように降《ふ》りかかる試練の時――。そのたびに左に折れ、右に折れ、曲折《きょくせつ》を繰《く》り返さざるを得ない人生の道のり。人は、その時々に精いっぱい力を尽《つ》くして出会いと出来事を織《お》りなしてゆきます。

しかし、ふとあるとき、その曲折を重ねてきた人生が、一つの輪郭《りんかく》を輝《かがや》かせていることに気づく。最初は、点在《てんざい》しているだけで無関係に思えた出会いや出来事が、バラバラに意味なく起こっていたのではなく、「あの出会いがあったから」「この出来事があったから」と、結びつき、つながって、そこに忽然《こつぜん》と意味の光を発《はっ》する一つの形を浮《う》き上がらせる――。

それこそ「人生の星座」と言うべきものでしょう。

あなたが歩いてきた道にも、そのような「人生の星座」が隠《かく》れています。今ははっきりと見えなくても、あなたの人生は、日々、その形を紡《つむ》いでいます。

そして、その「人生の星座」は、私たちの人生のテーマ、魂の願いと使命がいかなるものであるかを語りかけているのです。

ぜひこのまなざしで、改めてあなたの人生を振り返ってみていただきたいのです。

挫折《ざせつ》――精神科から大企業の医務室勤務へ

これからご紹介する林久美《はやしくみ》さん（六十代、仮名）は、いくつもの曲折《きょくせつ》を重ねたご自身の人生が湛《たた》えるテーマを、「魂の学《がく》」を学ぶ中で実感されたお一人です。

林さんが高校生の頃のことです。身体《からだ》をこわして通院していた母親がつぶやきました。

「看護師さんが、なかなか私たちの気持ちをわかってくれないの。お年寄りや患者さんの気持ちがわかる看護師さんが必要よね」

林さんは、何気《なにげ》なく、「そうね。お年寄りの気持ちがわかる人間に、私、なるね」と返事をしたのです。

そのことが、心のどこかに残っていたのでしょうか。やがて高校三年生になり、進路を決めなければならなくなったとき、病気がちの母親と妹たちのことも考えて、林さんは、看護学校を受験しようと決心したのです。

父親は、戦時中の経験から看護師の仕事の大変さを知っていて、同じように看護師を志望した姉のときには反対したのに、なぜか、林さんには反対しなかったどころか、「看護師になるなら、精神科へ行け」と助言してくれたのでした。

その助言の通り、看護学校を卒業後、精神科の看護師になった林さんでしたが、患者さんが置かれている現状に大変な衝撃を受けます。

暴力を止めるために、電気ショックや、注射で無理《むり》やり眠らせてしまうという処置が当たり前のように行われているのを目《ま》の当たりにし、「同じ人間なのに、なぜ……」

と、毎日がつらく、苦しくてしかたがありませんでした。

そして、やがて一番仲がよく、とても明るかった同僚が精神的に衰弱《すいじゃく》し、人が変わったようになってしまったのをきっかけに、林さんは病院を辞《や》めることにしたのです。

そのとき林さんは、「このままでは自分もダメになる」という心の叫《さけ》びが聞こえてきたと言います。

それは、「同じ人間なのに、こんな扱《あつか》いしかされない。この方法は、私には納得できない。私はこのやり方には合わせることはできない。このままでは自分もダメになる。ここは私がいる場所ではない」という想いでした。

林さんは次に、大企業の医務室に勤《つと》めることになります。

主に健康診断や内科の診療を行うだけの職場でした。週休二日のうえ、優しい先生に恵まれ、社員の方々もみな紳士で、平穏無事《へいおんぶじ》な毎日が過ぎてゆきました。つらい想いや悲しい想い、また不満などはほとんど生じようのない、精神科の病棟《びょうとう》とは対極《たいきょく》にある環境でした。

その職場に移《うつ》って十年の月日が経《た》った頃、林さんの心の中から、今度は「ここにいてはいけない。このぬるま湯の中にいたら、私はダメになってしまう」という声が聞こえてきて、考えた末、辞《や》めようと思い、上司に申し出ます。

医務室の所長さんは、「何を言っているの？　こんなにいい職場はないじゃないの！　条件がすごくいいし、このままいれば定年退職まで仕事ができるのに、何で辞めるの？　四十歳を過ぎて病院に戻《もど》ったとしても大変だから、絶対に辞めない方がいい」と、親身《しんみ》になってアドバイスしてくれました。

しかし、林さんは、どうしても自《みずか》らの心の声を打ち消すことはできず、結局、辞職することにしたのです。

さらなる転身《てんしん》――訪問看護、眼科クリニック勤務へ

林さんが、次に選んだのは、訪問看護の仕事でした。

初めて病院に行ったその日、ナースキャップを頭に装着《そうちゃく》したとき、「私はこの仕事がしたかった」という強い感動とともに、涙があふれて止まりませんでした。

末期癌《がん》など、重い病で苦しむお年寄りの方――家族もどのように対応してよいのか

わからない、そんな患者さんお一人お一人との出会いが始まりました。

患者さんの自宅を回るたびに、「私はこれがしたかった」という気持ちがあふれました。ポケットベルが鳴れば、いつでもどこでも患者さんの所に行ってさしあげたい、一軒でも多くの家庭を訪問したいと、はやる想いを抑《おさ》えることができなかったと言われます。

そのような日々の中、自転車で訪問している途中、後ろから走ってきた自転車に追突されて転倒し、左足の靭帯《じんたい》を痛めてしまいました。訪問看護の仕事はフットワークと体力が勝負です。自転車に乗って回ることはもうできないと思うと、今度は免許を取り、軽自動車で再び活動を始めました。それほど林さんは、この仕事が好きだったのです。

ちょうどこの頃、林さんは、「魂の学《がく》」に出会い、「魂の学」を基《もとい》とする新しい医療の実践を志《こころざ》すＴＬ《トータルライフ》医療の仲間たちと深い交流を結ぶようになりました。やがて林さんは、ＴＬ医療の同志とともに、地域クリニックの眼科で働くことになります。

そこには、様々な患者さんがいました。息子から暴力を受けていることが明らかなお年寄りの方、また精神疾患《しっかん》のある方もいました。

待合室で座《すわ》っている患者さんの傍《かたわ》らにひざまずいて、林さんは、その一人ひとりが抱《かか》える悩みを聞いてゆきました。みなさんは目の治療に来ているのですが、心の悩みに耳を傾《かたむ》け、ときにはクリニックが閉《し》まってからもいつまでも話を聞き、休みの日はご自宅にまでお世話に行くというほど、林さんは、患者さんたちが大好きで、「何とかしてさしあげたい」という気持ちでいっぱいでした。

眼科クリニックの近くには、巣鴨《すがも》のとげ抜《ぬ》き地蔵がありました。お年寄りの患者さんがとげ抜き地蔵に行ってきたという話を聞くと、「自分のところもそういう場所だったら、もっとお世話できるのに」と思ったこともありました。

不思議なことです。やがてお寺に嫁《とつ》ぐことなど、当時は知るよしもなかったのですが、林さんの魂はどこかでそのことを感じていたかのようです。

結婚――住職補佐として

林さんは、その後、縁《えん》あって住職だった現在のご主人と出会い、結婚することになりました。そのときも「私は看護師として、患者さんの傍《かたわ》らに付き添《そ》ってお世話をすると心に決めたのに、結婚などしていいのだろうか」と葛藤《かっとう》しました。

「医療の現場から離れたら、患者さんと出会えなくなってしまう。みんなを裏切ることになってしまう」という気持ちがあったのです。

日を追うごとに、その問いかけが心の中から強くわき上がってきて、林さんを苦しめました。そんなある日のこと、林さんは通勤の途中、いつものように「私は本当にお寺に嫁《とつ》いでいいのかしら」と思ったとき、心の中から「嫁ぎ先のお寺を癒《いや》しの場にすることでしょう」という声が聞こえてきたのです。その瞬間、涙があふれ、電車の中でも、クリニックに着いても、涙が止まりませんでした。

「お寺だからできること、お寺にしかできないことがあるはず。檀家《だんか》さんやみなさんの苦しみをともに聞き、ともに歩むことができる――」

その想いをもって、お寺に嫁ぐことになったのです。

結婚してから、林さんはお寺の仕事に専念するために、自《みずか》ら修行に入り、僧籍《そうせき》を得ました。そして、住職を助ける傍ら、地域とのつながりを大切にしようと、民生委員のはたらきも引き受けたのです。

そのはたらきは、林さんにとって忘れることのできない経験をもたらすことになりました。

ある日、地域の福祉会から連絡があり、七十歳で癌《がん》を患《わずら》う、独《ひと》り住まいのお年寄りを訪《たず》ねることになりました。

玄関のドアを開けた瞬間、アンモニア臭《しゅう》が入り交《ま》じった臭《にお》いが鼻《はな》をつきました。電灯をつけるとゴキブリが散ってゆき、ベッドの下やふとんの上には猫《ねこ》の糞《ふん》がまき散らされ、家中にゴミがあふれている中、お年寄りが一人で休んでいました。触《さわ》れば折れてしまいそうなくらい、やせ細った方でした。見ると、猫が七〜八匹、お手洗いの窓《まど》から出入りしていました。

林さんは、まず住まいを清掃し、肉体的にも元気を取り戻《もど》すことができる環境を整《ととの》えました。そして、その方のお話をじっくりとお聞きしました。

若い頃からの放蕩《ほうとう》生活のために、家族と離ればなれになり、今は独り暮らしになってしまったこと。独りであまりに寂《さび》しいので、猫を家族のように大事に飼《か》っていて、なついていた猫に、別れた娘の愛称《あいしょう》だった「チャコ」という名前を付けてかわいがっていることなど、心を開いて話してくださったのです。

林さんは、離ればなれになった家族との絆《きずな》をどうにか結び直してさしあげたいと思いました。

そして、身体《からだ》のお世話だけではなく、家族を探《さが》すことを手伝い、さらにその方が失《うしな》われた人生を取り戻すことができるように、心の整理をして立て直すことまで援助していったのです。

「人生の星座」は人生のテーマを教えてくれる

ここで取り上げた林さんの人生の道のり——仕事の歩みは、看護学校への進学から始まりました。そして大病院の精神科に勤務したことを皮切りに、大企業の医務室、訪問看護、地域クリニックの眼科、そして現在のお寺と、そのはたらきの場所は次々に変わってゆきました。

志《こころざし》をもって始めた精神科の看護師を断念し、結婚によって医療から離れたことなど、林さんの仕事に関わる現実は、その時々の状況によって、いくつもの大きな曲折《きょくせつ》を抱《かか》えざるを得ませんでした。もし、林さんにとって、看護師として医療に関わることが唯一《ゆいいつ》の目的だったなら、その人生は大きな挫折《ざせつ》を抱えて終わったはずです。

しかし、看護の形が変わっても、お寺に嫁《とつ》いで檀家《だんか》さんたちのお世話をしていても、民生委員として関わっていても、そこには変わることのないものが貫《つらぬ》かれていたのです。

「心が傷つき、苦しんでいる人々の痛みを癒《いや》したい。痛みに応《こた》えたい――」

林さんは、その一つの想いに忠実に応えようと歩んでいました。

そして、その想いは、林さんの人生の出会いと出来事、多くの紆余《うよ》曲折のすべてを結んでいた一本の糸ではなかったでしょうか。この糸があることで、人生のすべての曲折は、ただの曲折ではなく、意味ある時間となり、輝《かがや》くものとなるのです。

ある日、林さんが辿《たど》ってきた道のりを一緒に振り返っていたとき、林さんの魂は、私に、彼女が貫いた想いは、ずっと以前、前世《ぜんせ》からのバトンだと伝えてきました。

あの独《ひと》り暮らしのお年寄りを訪《たず》ねたときのこと――。

ドアを開けたその瞬間、林さんの心になぜか「ここはクリミアだ」という想いがわき上がりました。

クリミアとは、十九世紀にナイチンゲール（一八二〇〜一九一〇）が看護師として赴《おもむ》いた場所で、荒れ果《は》て、多くの死傷者を出した、クリミア戦争が起こった地のことです。

かつての野戦《やせん》病院は、医療水準が低い上に衛生上の問題を抱えていて、負傷自体より感染症《かんせんしょう》によって死に至《いた》ることが少なくありませんでした。多くの負傷兵が、苦しみ喘《あえ》ぎながら、神を信ずることもできずに死んでいったのです。

林さんが「クリミアだ」とつぶやいたのは、単に知識として知っていたクリミアのことを思い出したというだけではありませんでした。

林さんの魂は、かつてその地で、想像を絶《ぜっ》する光景を目の当《ま》たりにし、なす術《すべ》もなく負傷兵たちが逝《い》ってしまうことに無力さを感じた一人だったのです。

「クリミア」とは、彼女の魂にとって、痛みに応えられなかった後悔と、応えるべき痛みの現場の象徴にほかなりませんでした。

「どうしたら、この痛みと苦しみの中にいる人々を救えるのだろう。この世は苦しみが絶《た》えることがない。その苦しみの中にある人々を私は助けたい。痛みに応えたい」――。

それこそ、林さんが人生かけて果たしたいと願った魂の願いでした。その願いが人生の底流《ていりゅう》として流れ続け、その願いに導かれた出会いの一つ一つが、林さんの「人生の星座」を形づくっていったのです。

第4章

心の力

――創造力の主人になる

ライト兄弟以前
大空を飛び交《か》う現代の航空機の雄姿《ゆうし》を、誰《だれ》が想像し得ただろう。
ローマの時代に
万民《ばんみん》が自由平等に生きるこの世界を、誰が予見しただろう。

では、なぜその機械が発明され、その世界が生まれたのか。
それは、かつて、巨大な空中浮遊《ふゆう》機械を想い描《えが》き
希望のユートピアを夢《ゆめ》見た「その人」がいたからにほかならない。
彼らの心に宿《やど》ったヴィジョンが
多くの人々の努力の連鎖《れんさ》と、長い時間をかけた錬磨《れんま》の継承《けいしょう》によって
この世界に現象化したのである。

誰もが自然に受け入れている現代生活のスタイル
常識化した秩序や法律、政治の形態
あらゆる発明や現代社会を支《ささ》えるシステムの数々――。

それらは、初めからこの世界に存在していたわけではない。
奇跡《きせき》のようなプロセスを経《へ》て
この世界に生み出された創造物なのである。
そして、この世界に現れたそれらの起源《オリジン》を辿《たど》ってゆくと、
そのすべては
誰かの心の中に生まれたヴィジョンに行き着くことになる。

精神を物質に現象化させる魔法《まほう》の装置――。
それこそが、「人間の心」にほかならない。

あらゆるものや現実を生み出す心の力――創造力の秘密

今、あなたの周《まわ》りには、何が見えるでしょうか。

机《つくえ》、椅子《いす》、携帯《けいたい》電話、本、ボールペン、冷蔵庫、時計、窓《まど》から見える自動車、様々な建物……。

これらはもともと自然にあったものではなく、誰《だれ》かがつくり出したものです。私たちの周囲には、「人間から生み出されたもの」が満《み》ちあふれています。

人間が抱《いだ》いている、様々なものや現実をつくり出す心の力――。

特に、それまで世界に存在しなかったものを生み出す力を、私たちは「創造力」と呼んで大切にしてきました。

たとえば、数千年の間、空を飛ぶことは、人間にとって夢《ゆめ》物語に過ぎませんでした。しかし、二十世紀の初頭にライト兄弟が、その「創造力」によって、初めて飛行機を発明すると、そのわずか十年後に開戦した第一次世界大戦には戦闘機が出現。さらに一九三〇年代には大量輸送を可能にする航空機が現れ、またたく間《ま》に人々の生活になくてはならないものになってゆきました。

「創造力」のなせる業《わざ》は、私たちの身の周りにある日用品や電化製品、私たちが住む住居から様々な施設や設備など、人工のもののすべてに及《およ》んでいます。

今日《こんにち》、現代社会を支《ささ》える基幹《きかん》システムのすべて、水道、電気、交通、通信、政治、経済や教育のシステムなど、一切《いっさい》の社会のしくみも、人間の「創造力」によって、生み出されてきたものと言えるでしょう。

そして、それだけではないでしょう。人生の新たな現実を生み出す力もまた「創造力」にほかなりません。

四面楚歌《しめんそか》の状況から道を切り開いたり、背負い切れないほどの試練を新たな現実へと転換したり、かつて憎《にく》しみと恨《うら》みの対象でしかなかった人との関わりを結び直したりするなど、それらは、それまで世界には現れたことのなかった人生の現実です。

つまり、「創造力」はあらゆるもの、しくみ、そして人生の現実まで、私たち人間の生きるすべての側面に関わっている力と言ってよいでしょう。

では、そうした「創造力」を発揮する鍵《かぎ》を握《にぎ》っているのは何でしょうか。

今、取り上げたもの、システムのすべて、そして新たな現実は、「あれがあったら」「こ

れがあったら」「こうなったら」と、誰かの心の中にそのイメージやヴィジョンが宿《やど》り、それをつくろうと願い、様々に試行錯誤《しこうさくご》を繰《く》り返して、最終的に今ある形として生み出されたものにほかなりません。

形として生み出される前に、必ず心に描《えが》かれた青写真があったということです。つまり、心に描いたことによって、創造は果《は》たされる——。「創造力」の鍵とは、想像する心の力、「想像力」なのです。

私たち人間は、心の中に「想像力」と「創造力」を抱いています。もし、この二つの力に秘《ひ》められた可能性を最大限に発揮して生きることができるなら、誰もが必ず自分の人生を輝《かがや》かせて生きることができるのです。

想像力の限界が創造力の限界

あらゆる創造にとって、生み出すべきものの青写真を思い描《えが》く想像力ほど大切なものはありません。もし、私たちがリアルに思い描くことができなければ、それを生み出すことは困難になります。想像力の限界が、そのまま創造力の限界になるということです。

電気の発電、送電、配電など、今の私たちの生活になくてはならない、あらゆる電流利用のためのモーターシステムを考案《こうあん》した発明家、ニコラ・テスラ（一八五六〜一九四三）は、ラジオ、テレビ、ロボットの分野にも大きな足跡《そくせき》を残しました。彼は、創造のプロセスについて次のように語っています。

「何かの装置の製作や、何かの研究を思いつくと、十分な準備もせずにいきなり取りかかる人たちがいます。核《かく》となるアイデアをそっちのけにして、すぐに細部のことに心を奪《うば》われてしまうのです。何とか結果はつくでしょうが、それでは質が犠牲になってしまいます」

心の中で想像されたもの、探《さが》し求めたアイデアの質そのものが、創造の質を決めてしまう──。

テスラは、何カ月も何年もかけて心の中でアイデアを温《あたた》め、それをいつでも好きなときに思い返し、問題点や解決法を考えたと言います。

そして、その後、ようやく具体的な外形について考えを巡《めぐ》らせ、「やがて、なにかしら解決できそうな感じがしてきます。そして、そう感じたときこそ本当に問題が解決されるのです」「意識にのぼるまでは時間がかかるものの、解決法はすでに潜在《せんざい》意識の中にあるということなのです」と語っています。

テスラは、世界中に技術革命を起こした交流モーターのアイデアがひらめいたとき、「そのイメージは素晴らしくシャープで、明確で、金属や石のように確固《かっこ》たる存在感があった」と言います。

そして、実際に設計図も書かず、心の中にあるイメージだけで、完璧《かんぺき》な試作品を完成させています。私たちの心には、本来、それほどの想像力があるということでしょう。

夏目漱石《なつめそうせき》（一八六七〜一九一六）の『夢十夜《ゆめじゅうや》』という小説をご存じでしょうか。その中に、運慶《うんけい》（鎌倉時代の仏師《ぶっし》）が、脇目《わきめ》もふらず鑿《のみ》と槌《つち》を振《ふ》るって見事な仁王《におう》像を彫《ほ》り上げてゆくシーンがあります。

その姿を見た主人公が、「よくああ無造作《むぞうさ》に鑿を使って、思うような眉《まゆ》や鼻ができるものだな」と感心していると、ある若い男が「あれは眉や鼻をつくるんじゃない。

あの通りの眉や鼻が木の中に埋《う》まっているものを、鑿と槌の力で掘り出すまでだ。まるで土の中から石を掘り出すようなものだから、決して間違うはずはない」と言うのです。

その後、「彫刻とはそんなものか、そうなら誰《だれ》にでもできることだ」と思った主人公が、家に帰って薪《たきぎ》にするはずの木に勢いよく仁王像を彫り始めるのですが、木の中に仁王は見あたらず、積んであった薪を片《かた》っ端《ぱし》から彫ってみても、結局、仁王は出てこなかったという話です。

この主人公と運慶との決定的な違いは、木片《もくへん》の中に仁王像をいかにリアルに思い描くことができるかという想像力の違いであり、想像力の限界が創造力の限界であることが示されているのではないでしょうか。

それは、単に物にとどまるだけではありません。実は、私たちの日常の現実も、さらにはそれらが積み重なってつくられる人生もまた、心の力の違いによって大きく異《こと》なってくるのです。

人生のファンタジスタをめざして

また、同じ現実に向き合っていても、そこから何を想像できるかによって、開かれてゆく未来は大きく変わってしまいます。

たとえば、イタリア独立戦争の悲惨《ひさん》な状況を目の当《ま》たりにしたアンリ・デュナン(一八二八〜一九一〇)は、その惨状《さんじょう》から、「敵味方《てきみかた》なく傷病兵《しょうびょうへい》を救助する組織があったら……」と想像しました。

戦場の悲惨さを見た人は数え切れないほど多くいても、そんなことを真剣に考える人はいなかったでしょう。それは、当時の常識からは考えられないものだったはずです。しかし、デュナンが思い描《えが》き、その実現のために力を尽《つ》くしたからこそ、国際赤十字社が創設され、多くの人々の命を助けることになったのです。

近年、アイルランドの青少年の多くが学校からドロップアウトし、ドラッグやお酒に溺《おぼ》れてゆく現状に心を痛めていた音楽プロデューサーのロバート・スティーブンソン氏は、彼らの多くがバンドに興味を持っていることから、高校生たちのグループが自《みず》ら小さな音楽会社をつくり、地元のバンドを発掘してコンサートを開いて経営してゆく「ブラストビート」という教育プログラムを考えました。

二〇〇三年から始まったプログラムの中では、勉強に対しては積極的になれなかった生徒たちも、ポスターやチケットの製作、出演者との交渉やホールとの調整など、驚《おどろ》くほど自主的に責任を分担して音楽会社の経営を協力して進めることができました。このプログラムは、卒業後の社会参加の訓練にもなっており、大きな教育効果を上げたのです。

地元アイルランドのみならず、イギリスでは国がこのプログラムを支援《しえん》するようになり、現在では、アメリカ、南アフリカ、そしてわが国にもその影響を広げています。青少年の問題に心を痛めている人の中から、このような想像力が生まれ、それが現状を打開し、新たな事態を創造してゆく力になっていったのです。

一つの状況、一つの現実に対して、いかなる「想像力」をはたらかせることができるか、時代や社会までも変えてゆく「創造力」も、その「想像力」次第ということなのです。

二〇一〇年、初めてアフリカで開催されたサッカーの祭典《さいてん》、ワールドカップでは、世界中の人々が様々な国の選手たちを熱狂的に応援しました。

そのサッカーの競技においても、「想像力」は非常に大切なものと言われています。試合の個々の局面において、選手一人ひとりがどのように次の展開を想像し得るのか。その想像力の幅《はば》によって、プレーの質が大きく変わってくるというのです。

主にイタリアなどで、豊かな想像力をもって試合を創造できる優《すぐ》れた選手に、「ファンタジスタ」（想像する人という意）という特別な呼称《こしょう》を与えて讃《たた》えますが、実に示《し》唆《さ》的です。想像できる人こそ、あらゆる現実を創造してゆく人なのです。

私たち人間は誰《だれ》もが、人生の競技者です。しかし、ただの競技者ではなく、人生の「ファンタジスタ」になることをめざしている一人ひとりだということではないでしょうか。

何が創造への飛翔《ひしょう》を可能にするのか――すでに答えと青写真はある

新たにものごとを生み出す「創造」について、ここで、一つ確かめておきたいことがあります。

それは、「創造」とは、まったく何もない「無《む》」から「有《ゆう》」をつくり出すことではない、ということです。

この世に生み出されたもの、そしてこれから生み出されるすべてのものには、宇宙《ユニバース》の次元に、その青写真（設計図）が存在しているのです。

私たち人間が創造してきたあらゆるものだけでなく、私たちの肉体器官の精巧《せいこう》なはたらきや、あらゆる生命が持つ多彩《たさい》で驚異的な生態や機能なども含《ふく》めて、それら一切《いっさい》の設計図に当たるものが蓄《たくわ》えられている次元が宇宙《ユニバース》にはある、ということです。

そして、あらゆるアイデアや、いかなる難問をも解《と》く智慧《ちえ》や解答もまた、その次元にあるのです。

つまり、創造とは、無から有を生み出すのではなく、見えない宇宙《ユニバース》の次元にすでにあって生み出されることが待たれている「解答」「青写真」「ヴィジョン」に、私たちが想像力を使ってどこまでも近づき、それを現実の世界に現すことにほかなりません。

たとえば、わずか三十年余りの人生の時を、無垢《むく》の精神と天啓《てんけい》をもって駆《か》け抜《ぬ》け、クラシック音楽のあらゆるジャンルにわたる傑作《けっさく》を残したモーツァルト（一七五六〜九一）――。

その音楽は、あたかも天空からモーツァルトの霊感に舞《ま》い降《お》りたまま楽譜に記《しる》されたと言っても過言《かごん》ではないほど、神的《しんてき》な領域への自由な羽《は》ばたきを感じさせるものです。

ひとたびその霊感がはたらき出すと、モーツァルトは憑《つ》かれたように音楽の僕《しもべ》となって、奉仕し続けました。実際、彼が作曲するときは、最初の音から最後の音まで一瞬に全部が頭の中でできあがっていて、ほとんど書き直すこともなく、それを一気に書き写していったと言われています。

アインシュタインが「モーツァルトの音楽は、あまりにも純粋で美しいので、彼はそれをただ『見つけ出した』だけなのだ――まるで、明らかにされるのを待って、内なる美の一部として前々から宇宙に存在していたのだ、という気がするほどである」と語っているように、見えない次元にすでに存在していた「音楽」をこの世界に降ろしていたということではないでしょうか。

また、世界の発明王と呼ばれ、生涯《しょうがい》で千を超える発明を成し遂《と》げたエジソン（一八四七〜一九三一）も、それらはすべて自分が発明したのではなく、宇宙という大きな存在からメッセージを受け取り、記録をとったにすぎない、と語っています。

つまり、創造の種《たね》となったアイデア、インスピレーションの大本《おおもと》は、目に見えない宇宙──ユニバースの次元にあって、私たちは、その発見者であり、それをこの世にもたらす媒体《ばいたい》であり、メッセンジャーなのです。

そうした目には見えない世界にすでに実在している青写真、設計図のことを、ギリシャの哲人プラトンは、真実在・イデアと呼びました。人間は誰《だれ》もが、そのイデアを把握《はあく》する力を「魂」に持っていて、「魂」は永遠不滅のイデアの世界と同族のものである。そして私たちはみな、すでに何が真実であるのか、魂の中に知っていて、探求し学ぶということは、魂がすでに把握しているイデア、獲得しながらも忘れている真実を「思い出す」──再発見することなのだ。だから、イデアの世界にある智慧を思い出せ、と呼びかけたのです。

創造の営《いとな》みへのステップ――魂の次元に接触する

このように、宇宙《ユニバース》には、創造の源《みなもと》となる世界、インスピレーションの源泉《げんせん》となる場所があります。

そして、その世界にアクセス（接近）しようとするときに、心の深奥《しんおう》の次元――魂の次元との接触が大きな意味を持ちます。なぜなら、私たちは、魂の次元を通じて宇宙《ユニバース》につながっているからです。実際、芸術家や科学者など、創造的な営みに関わる人々の多くは、新たなものを生み出すプロセスの中で、そのような体験を大切にしています。

たとえば、アニメーションで名作を生み続けている宮崎駿《みやざきはやお》監督は、作品を理性的に考えた範囲でつくろうとするとつまらないものになるので、無意識の奥の方、もっと深いところを開《あ》ける必要があると語り、アイデアを「見つけ出すときはメチャメチャになる」「コントロールしきれない」と言っています。

その宮崎監督は、作品の構想を練《ね》るとき、BGMの一つとしてワーグナー（一八一三～八三）の音楽を聴くそうですが、そのワーグナーの作曲も心の深層と結びついていました。

ワーグナーがベッドに横たわっているとき、突然、自分が川底に横たわっている姿が想像され、流れ去ってゆく水の動きや波の揺《ゆ》らぎを感じ、聴き取ることができたと言います。目が覚《さ》めて、その光景が霊感だと気づき、『ラインの黄金《おうごん》』の前奏曲となる音楽が心の中ですでに形となっていたことを実感したのです。

同じように詩人のゲーテ（一七四九～一八三二）は、詩が生まれるとき、「それは突然、私の心に降《ふ》って湧《わ》いたかと思うと、あっという間にできあがった。だから、私は、自分が本能的に夢《ゆめ》見るように、その場で書き下《お》ろすよう駆《か》り立てられるのを感じた」と言っています。

また、常《つね》に新たな手を創出《そうしゅつ》し続ける囲碁や将棋の世界でも、同じような体験をする方々がいます。たとえば、二十世紀の碁聖《ごせい》と言われる呉清源《ごせいげん》氏は、夢の中で妙手《みょうしゅ》を見つけ、実際の対局《たいきょく》中に打った手が夢で見たものであることを思い出したそうです。

「羽生《はぶ》マジック」と言われるほど、ほかのプロ棋士《きし》の誰《だれ》も思いつかないような妙手を繰《く》り出す羽生善治《よしはる》氏は、深く集中するときはスキンダイビングで海に深く潜《もぐ》ってゆくようだと語っています。雑念や邪念《じゃねん》が一切《いっさい》消え去って、深い、深閑《しんかん》とした世界に身を置く感覚になり、また「この一手しかない」というときは、その駒《こま》が光って見えることがある、と言うのです。

その体験は誰《だれ》にも開かれている

こうした創造の体験、魂の次元との接触は、芸術や科学などの限られた分野だけのものでもなく、一部の傑出《けっしゅつ》した人たちだけに起こることでもありません。程度の差こそあれ、誰にでも起こり得ることであり、実際に起こっていることなのです。

読者の中にも、インスピレーションがひらめく瞬間を体験された方は多いと思います。その体験は、第1章で取り上げたユニバース体験――宇宙につながる体験と重なり合うものです。

たとえば、夢《ゆめ》の中で何か大切なことを知らされたという体験。問題に悩み、解決の道を探《さが》しあぐねていたとき、その答えを夢の中で与えられたという方は多くいます。遠く離れた家族や愛する人の身に起きたことを、夢の中にその人が現れて知らせてくれたという話は事欠《ことか》きません。

また、たまたま出会った人、手にした本、かかってきた電話、自然の光景に触《ふ》れて、大切なひらめきや気づき、問題解決の糸口を与えられたという体験をされた方も少なくないのではないでしょうか。

大自然の山や海、川や滝、森の樹々、野の花々、鳥や魚などの生き物といのちのつながりを感じて、得《え》も言われぬ歓《よろこ》びや感動が込《こ》み上げ、至福《しふく》感に包《つつ》まれたこと、また、悲しみや不安を抱《いだ》きながら道を歩いていて、ふと道端《みちばた》に咲いている小さな花を見て、心癒《いや》され慰《なぐさ》められたこと。さらに、悩みや苦しみを抱《かか》えた家族や友だちの傍《かたわ》らで、一緒に心の重荷を背負おうとして道を探し、ひとすじの希望を見出《みいだ》してともに一歩踏《ふ》み出せたこと——。

そのような体験にも、心の深い次元に触れる大切な真実の発見、新しい人生の創造に向かう契機《けいき》が潜《ひそ》んでいると思います。

仕事を通して、またスポーツや茶道《さどう》、武道などを通して日々鍛錬《たんれん》を重ねることで、限りなく深い道の奥義《おうぎ》に触れて体得される真理もあります。私たちの心と身体《からだ》が鍛錬を通して、宇宙のリズムと共振する心身に磨《みが》き上げられるということでしょう。忘我《ぼうが》の集中がもたらす「フロー」「ゾーン」と言われる心身の状態、あるいは昔から「無心」と呼ばれてきた境地から生み出される自由無碍《むげ》なパフォーマンスや、人間の力量を超えた神のごとき仕事もまた、宇宙《ユニバース》の次元とつながることによって初めて現れるものにほかなりません。

当たり前のように起こる日常の些細《ささい》な出来事の中にも、至《いた》るところに宇宙の神秘《しんぴ》につながるきっかけは潜《ひそ》んでいます。

ある主婦の方は、家の玄関《げんかん》で、いつものように家族の靴《くつ》を磨《みが》いていた瞬間、得も言われぬ至福《しふく》の喜びに胸があふれ、涙が込み上げてきたと言われます。朝食をつくっていて、台所に射《さ》し込む朝日の光を感じた瞬間、喜びと幸せで胸がいっぱいになり、しばらく立ち尽《つ》くしていたと言われる方もいます。それは、それまでの世界が一新《いっしん》され、かつてないほど世界を親密に感じた体験だったでしょう。私は、それもまた宇宙《ユニバース》に触れたかけがえのない瞬間に違いないと思うのです。

人生の創造――人生のテーマを刻《きざ》む魂の遺伝子《いでんし》

ここまで、私たちは、この世界に生み出されるものには、見えない宇宙《ユニバース》の次元に、そのもとになる青写真（設計図）が存在していることを見てきました。

それは、私たち一人ひとりの人生も同じです。

私たちの人生にもそれぞれ青写真――「人生のテーマ」があり、それは、魂の遺伝子として私たちの深奥《しんおう》に秘《ひ》められていて、一人ひとりによって開かれることを待っているのです。

たとえば、人生の様々な局面で、そのテーマに近づいたり、それに関わる出来事や人に出会うと、私たちは感動したり、喜びに震《ふる》えたり、また逆に、深い悲しみや苦悩を抱《いだ》いたりします。それは、良い悪い、好き嫌《きら》い、といった表面的な感情や道徳観を超えた感覚です。その出来事を、放置したり、無視したり、忘れることができなくなるのです。

真理を探究する科学者の生きざまに触《ふ》れて、身を挺《てい》して人のために尽《つ》くした人物のことを知って、あるいは豊かな自然との出会いを通して、そしてときには音楽や絵《かい》画《が》、映画、演劇、スポーツなどを通して、説明のつかない深い感動や喜び、胸の奥からわき上がる熱いものをあなたは経験されたことはないでしょうか。思い出すだけで心が震えるような、そんな出会いはなかったでしょうか。

一時は忘れたかに見えて、折に触れて何度も心に浮《う》かんで思い出してしまうようなこと、ほかの人はまったく気にしていないのに、自分はどうしても気になってしまい、捨てておけなくなるようなことはなかったでしょうか。あるいは、なぜか同じような出来事が繰《く》り返し巡《めぐ》ってくる。あるいは、生《お》い立ちの中で味わった、つらく悲しい出来事があって、大人になってもその気持ちをどうすることもできない……。

そのような人生の出来事には、あなたの魂に刻まれた記憶、人生の青写真を知る手がかりが隠《かく》されています。それらは、あなたの人生の青写真を知らせようとしているのです。だからこそ、そうした出会いや出来事に遭遇《そうぐう》したとき、人は誰《だれ》も、自分の表面的な快苦や好き嫌いの感情を超えて、魂の震えを体験するのです。

これから未来に向かって生み出されゆくあなたの人生――。

大切なことは、人生の「青写真」を持たない人はいないということです。誰もがその内に人生の「青写真」を秘《ひ》めて生きている――。

たとえ今、それを思い出せないとしても、それは、第1章で述べた「人生の第一原理」――すべての人生が忘却《ぼうきゃく》から始まるからにほかなりません。

しかし、忘却していても、それがなくなってしまったわけではないのです。それは、私たちの魂の次元に確かに刻まれています。私たちが自《みずか》ら「魂の冒険」の歩みを進め、今ここで触れたような魂が震える体験――ユニバース体験を深めてゆく中で、必ずあなた自身の人生の青写真が明らかになるときが訪《おとず》れるのです。

見えない世界への確信が未知なる可能性を開く

私たちが想像力を解放し、自在に駆使《くし》する上で大切なことがあります。

それは、私たちが世界と人間に秘《ひ》められている可能性をどれほど深く信じているか、ということです。

人間が抱《いだ》くいかなる可能性も、それを信じなければ決して開かれることはありません。信じる力が、未知なる可能性の扉《とびら》を押し広げます。そして、宇宙《ユニバース》の意志と共振《きょうしん》し、本来の創造力を発揮できるように導いてくれるのです。

この章の最後に、見えない世界への確信を境《さかい》に人生が大きく変わり、生み出す作品も変化していった一人の芸術家を紹介したいと思います。

その方は、神奈川県立 生命の星・地球博物館の天井壁画《てんじょうへきが》、とやま自遊館《じゆうかん》の壁画などを制作し、現在も全国各地で創作活動を続けていらっしゃるモザイク作家の上哲夫《うえてつお》さんです。

上さんの作品は、あるときを境《さかい》にして、大きく変わっていることがわかります。まず、一七六頁の作品をご覧ください。花や昆虫といった具象《ぐしょう》的なテーマがほとんど即物的に表現されています。

しかし、一七七頁の作品になると、自然や生物など目に見えるものの背景にあって自然を支《ささ》えているエネルギー、地水火風空《ちすいかふうくう》のすべてをつなぐ力といったテーマを表現するものとなっているのです。

このように、上さんの作風を大きく変貌《へんぼう》させたものは、いったい何だったのでしょうか。その背景には、一つの出会いがあったのです。

上さんの生《お》い立ちは、厳《きび》しく、悲しみに満《み》ちたものでした。生まれて間もなく、父親は出征《しゅっせい》し、戦死。その後、上さんは、母親とも別れ、祖父母の許《もと》に預《あず》けられました。山間《やまあい》の村での貧《まず》しい生活でしたが、それでも自分を愛してくれる二人の存在はかけがえのないものでした。しかし、愛情を注《そそ》いでくれた祖父は、上さんが小学校五年のときに病死し、祖母もその後を追うようにして亡《な》くなってしまったのです。火葬場で炎《ほのお》に包《つつ》まれ、灰《はい》と化《か》してゆく祖母の亡骸《なきがら》は、幼《おさな》い上さんの心に焼き付きました。

かけがえのない二人を失《うしな》い、独《ひと》りぼっちになった上さんは思いました。

「死んでしまえば何もかもなくなってしまう。向こうの世界はそうやって大切な人を奪《うば》ってゆく——」

癒《いや》しがたい孤独と悲しみ、絶望の闇の中で、二人を奪い去った世界に対する恐怖とも怒《いか》りともつかない感情が心を支配しました。

そしてそれに抗《あらが》うために、「見えない世界はない」と心に固く思ったのです。その幼い心に刻《きざ》まれた想いが、その後もずっと上さんの心を呪縛《じゅばく》することになりました。

上さんは、見えるものだけを信じる生き方を、それと意識することもなく、積み上

三《み》ツ《つ》境《きょう》シンボル[部分](相模鉄道三ツ境駅、フロアモザイク)

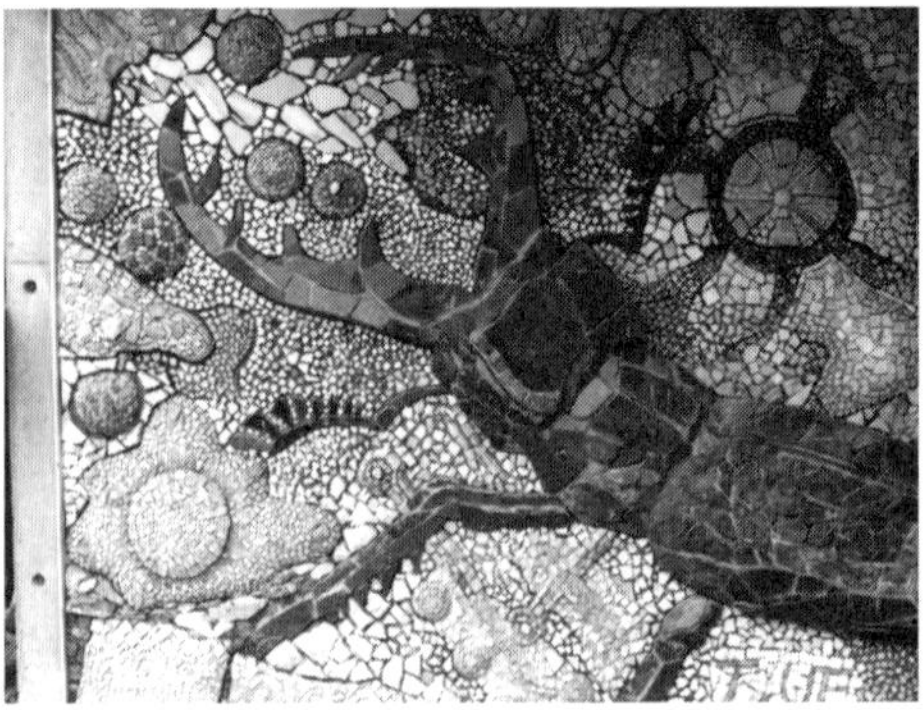

昆虫五態[部分](多摩動物公園昆虫生態園、モザイク壁画)

p.176の作品では、花や昆虫といった具象《ぐしょう》的なテーマが描《えが》かれているのに対し、p.177の作品では、目に見えるものの背景にある力やエネルギーが表現されている。

シンフォニー（神奈川県立 生命の星・地球博物館、天井壁画《てんじょうへきが》）

飛翔《ひしょう》（とやま自遊館《じゆうかん》、モザイク・鋳造　壁画）

げてゆくことになりました。後に芸術家となって作品に向かうときも、それは変わりませんでした。上さんが、素晴らしい作品を生みながら、どこか即物的な題材ばかりを選んでいたのは、その心が、目に見えるもの、形あるものしか存在しないと思い込《こ》み、また心にそう決めていたからなのです。

そうした日々の中で、私は、上さんと出会うことになりました。上さんと向き合い、しばらくお話しした後、そこに親しい魂の存在を感じました。それは、すでに他界された上さんの祖父の魂でした。

そして、「見えない世界から見守っている存在がある」ということを上さんに伝えてほしいと私に語りかけてきたのです。

祖父の魂は、私を通して、幼い上さんと暮《く》らした土地の風景や、様々な懐《なつ》かしい思い出を語り出しました。降《ふ》り積《つ》もった真っ白な雪、子どもの頃に遊んだ小高い山、裏庭のリンゴの木、近くを走る電車の絵を描《か》いたこと、何日も泥《どろ》を吐《は》かせて作った鯉《こい》こくのおいしかったこと……。今はもう思い出すこともない遠い記憶の数々でした。

その中で、上さんと祖父しか知らない事実が語られたのです。

「テツ、あのナガシマの駅、覚《おぼ》えているか？」

「ナガシマ」という駅の名は実際の駅名ではなく、上さんと祖父の二人だけがそう呼んでいた名で、ほかの誰《だれ》も知らないものでした。

さらに祖父は、戦死した上さんの父親もまた、ずっとわが子を見守り、誰よりも案じていたことを伝えてきたのです。

上さんの心に衝撃が走りました。

いったい何が起こっているのか、最初はわからないほどでした。考えてもみなかった、「ない」と封印《ふういん》してきた「見えない世界」が、確かな存在感をもって、突然、現れてきたのです。そしてそれは、上さんが、心の奥底で、本当はとても出会いたかった世界だったのです。

消えてしまったと思っていた絆《きずな》が、在《あ》った――。否《いな》、ずっと在り続けていたことを「発見」したのです。ないと思っていた見えない世界とともに、消失してしまったものが一気に蘇《よみがえ》ってきました。

それ以降、かつて失った少年の純真さと無垢《むく》な心を取り戻《もど》したかのように、上さんは明るく元気になってゆきました。そしてその変化は、作品にも現れることになります。それが、一七七頁の作品です。形のある「見える世界」しか信じられなかった上さんが、形のない「見えない世界」を実感し、その二つの世界が固い絆で結ばれていることを確信した後に生み出されたものです。

その中にある神奈川県立 生命の星・地球博物館の天井壁画をご覧ください。上さんは、この作品をつくるとき、拙著《せっちょ》『生命の余白に』の「本然《ほんぜん》の諸相」――人間と宇宙を貫《つらぬ》いて流れる理《ことわり》の実相――に描《えが》かれた世界をずっと想像され、心にわき上がってくるヴィジョンを表現したと言われます。「本然の諸相」の冒頭には、次のように書かせていただいています。

意識があり　意志がある
要素は既《すで》に蓄《たくわ》えられ　場が生じ　潮流《ちょうりゅう》が生まれる
万有の移象《いしょう》と変化の下《もと》　その実相を必須の基《もとい》として
過去から未来へ　時は流《なが》れ　此方《こなた》から彼方《かなた》へ　宙《そら》は広がる

星々がめぐり　原子がめぐる　極微《きょくび》から極大《きょくだい》に及《およ》ぶ
とどまることなきその輪廻《りんね》のうちに
宇宙は理《ことわり》をしのばせる……

はじめに、意識があり、意志があった。そこから、あらゆる存在の潮流が生まれていった。その一切《いっさい》のものやはたらきの青写真（設計図）が蓄《たくわ》えられている世界が宇宙にはあるということ——。それは、太古《たいこ》の昔、地球が生まれる遥《はる》か昔、ビッグバンの瞬間から、すでにあったのです。

その青写真を、魂と心を通じてこの世界に現す存在が私たち人間です。

人は、見えない次元を見える次元に現象化《げんしょうか》する魔法《まほう》の装置にほかならないのです。

第5章

使命

——光の増幅装置として歩む

人間は、精神を現象化《げんしょうか》させる魔法《まほう》の装置を託《たく》された存在である。

冒険者たちよ――
しかし、決して侮《あなど》ってはならない。
自《みずか》らの心のダークサイド（闇）の存在を忘れてはならないのである。
その闇に捕《と》らえられれば
魔法の装置は、ときに悪魔のはたらきを示すことになる。
我《われ》らは、先人たちの後悔を知り、歴史から学ばなければならない。

冒険者たちよ――
備《そな》えなければならない。
心のダークサイドは、冒険を頓挫《とんざ》させる理由をいくつも並べ立て、
歩みを中断させる言い訳をささやき続けるだろう。
甘美《かんび》な誘惑によって、冒険者たちの心を翻弄《ほんろう》し
もともとの志《こころざし》を別の欲求に置き換《か》えてしまうかもしれない。

しかし、決して憂《うれ》うことはない。
我らは、すでに希望の時代を迎《むか》えている。
内なる闇の正体を見据《す》えれば
それはたちどころに力を失《うしな》い、我らの内から撤退《てったい》する。
そして我らは、すでにその内なる地獄を滅消《めっしょう》させる方法を開発し
その力を実証するに至《いた》っている。
その方法を備えれば
魔法の装置は光の増幅装置《ぞうふくそうち》となり、そのはたらきを全《まっと》うする。
すでに、希望の時代を築《きず》く運動
その実践の成果をあげる人たちの歩みが始まっているのである。

人間に現れる光と闇

昭和初期に生まれ、若くして殺人を犯《おか》し、死刑囚《しゅう》となった島秋人《しまあきと》（一九三四～六七）という人物のことをお話ししたいと思います。

島秋人は、幼少時代を満州で過ごし、戦後、父母とともに新潟県に引きあげましたが、病弱で、カリエス、中耳炎《ちゅうじえん》、蓄膿症《ちくのうしょう》などを患《わずら》い、様々な障害を持っていました。学校の成績はいつも最下位で周囲からはバカにされ、貧《まず》しさと飢《う》えによる非行と犯罪で、少年院と刑務所を経験しました。

出所後の昭和三十四年、新潟県の農家に押し入り、二千円を奪《うば》った際に主婦を殺害。一審《いっしん》で、死刑判決を受けることになりました。

その島死刑囚にも、中学校のとき、たった一度だけ美術の先生に誉《ほ》められたうれしい記憶がありました。

「おまえは、絵は下手《へた》だが、構図は一番いい」。そのように誉めてくれた先生に感謝しようと、島は拘置所《こうちしょ》から手紙を書いたのです。すぐにその先生から返信が届《とど》けられ、そこには夫人の短歌が添《そ》えられていました。この短歌との出会いが、島の人生に決定的な転換をもたらすことになりました。

以来、死刑執行《しっこう》までの七年間、自《みずか》らの内面を見つめながら、多くの短歌を詠《よ》み続けました。死刑を翌日に控《ひか》え、辞世《じせい》の句《く》として遺《のこ》したのが次の歌です。

この澄めるこころ在《あ》るとは識《し》らず来て刑死の明日に迫る夜温《ぬく》し

土ちかき部屋に移され処刑待つひとときの温きいのち愛《いと》しむ

七年の毎日歌壇の投稿も最後となりて礼《あや》ふかく詠む

そして、処刑の直前、島は次のような言葉を遺しています。

「ねがわくは、精薄《せいはく》や貧《まず》しき子らも疎《うと》まれず、幼《おさな》きころよりこの人々に、正しき導きと神のみ恵みが与えられ、わたくし如《ごと》き愚《おろ》かな者の死の後は、死刑が廃《はい》されても、犯罪なき世の中がうち建てられますように。わたくしにもまして辛《つら》き立場にある人々の上にみ恵みあらんことを」

人を残忍《ざんにん》に殺《あや》める闇を抱《かか》えた同じ人の中に、このような他を想う祈り心が生まれる。到底《とうてい》信じることなどできない人間の中に清らかな光が点《とも》る——。

それは、限られた特殊な事例ではありません。長年、死刑囚に関わってきた刑務所長の方から次のような言葉をお聞きしたことがあります。

「死刑囚というのは、実に従容《しょうよう》とした態度で死刑台に上がるものです。死刑の執行が近づくまでには、みんな反省、悔悟《かいご》を重ねて、非常に清らかな心境になる、いわば真《ま》人間になる。こういう人になぜ国が死刑を執行しなければならないのか、われわれはいつも疑問に感じてきた」

『歎異抄《たんにしょう》』に描《えが》かれている親鸞《しんらん》（一一七三〜一二六二）の言葉を思い出さずにはいられません。人殺しという罪を犯さずにいられるのは、そのような縁《えん》がないからであって、心が善《よ》いからではない。また、殺すつもりがなくても、縁があれば、百人、千人の人を殺すこともあるだろう、と。

人間はもともと悪人だから罪を犯し、善人だから罪を犯さないというような単純な話ではなく、誰《だれ》もが、悪縁《あくえん》に触《ふ》れれば罪を犯さざるを得ない、人間としての深い罪業《ざいごう》を抱《いだ》いているということです。一方で、よき縁に恵まれるならば、自分のことを脇《わき》に置いても、他人のことを助けてさしあげたい、何とかせずにはいられないという心が引き出されるのも、ほかならぬ人間であるということでしょう。

もし、島死刑囚があのような厳《きび》しい生い立ちを背負わなかったら、その苦しくつらかった想いを本当に受けとめてくれる人と出会えていたなら、まったく異《こと》なる人生を歩むことになったに違いありません。

光と闇の相克《そうこく》を生きる存在として

「初めに、神は天地を創造された。地は混沌《こんとん》であって、闇が深淵《しんえん》の面《おもて》にあり、神の霊が水の面を動いていた。神は言われた。『光あれ』……」

これは、『旧約聖書』創世記の冒頭の言葉ですが、「宇宙は巨大な爆発によって創造され、最初はカオス（混沌）から始まった。宇宙にある物質は、その最初の数分間につくられた」という、最新の科学理論（ビッグバン理論）と不思議な一致を示しています。

宇宙は、その始まりにおいて光と闇を孕《はら》むカオスとして誕生し、そのカオスは光と闇への分化を繰《く》り返してきました。その中で立ち現れてきたのが現在の宇宙です。光と闇は混在し、互いに相克の時を刻《きざ》んできたのです。

私たち人間にとって、光と闇の問題は、人類の歴史の始まりから今日に至《いた》るまで、ずっと変わることのないテーマとしてあり続けてきたと言っても過言《かごん》ではないでしょう。

この光と闇の問題について、「魂の学《がく》」は、「人間の本質は光である」という立場をあくまでも貫《つらぬ》くものです。しかし、それは同時に、人間の中には、光と闇が混在しているという前提に基《もと》づいているのです。

私たちは、光だけの存在ではなく、闇だけの存在でもありません。人はみな、「なぜ?」と嘆《なげ》くほかない過《あやま》ちを犯《おか》す闇を抱《かか》える一方で、周囲を照《て》らすまばゆいばかりの光を蔵《ぞう》している。人間は、そのきわまる光と闇をともに抱《いだ》いて、その相克を生きる存在なのです。

そしてそれだけではなく、人間は、その内なる闇を浄化して、それを光に転じることができる唯一《ゆいいつ》の存在です。

人間が内なる闇を光へと転じて生きたとき、宇宙自体もまた、闇から光へと進化の歩みを遂《と》げてゆくことができるのです。果《は》てしない時間と空間において、宇宙の行《ゆ》く末《すえ》の鍵《かぎ》を握《にぎ》っているのは、私たち人間にほかなりません。

光と闇の遺産を引き受ける人間の宿命

人間の光と闇の源泉《げんせん》は、魂にあります。

人は、誰《だれ》もが魂の内に「光」と「闇」を抱《いだ》いて、この世界に生まれてくるのです。「闇」とは「カルマ」——。前世《ぜんせ》で超えることができなかった魂の未熟や弱さ、脆《もろ》さであり、「魂」が抱いている歪《ひず》みのことを言います。

そして、「光」とは「魂願《こんがん》」——。すなわち「魂の願い」であり、永遠の魂がどうしても果《は》たしたいと願っていることを指します。

魂が抱く願いを果たすことはなかなか叶《かな》いません。たとえば、決して壊《こわ》れず信頼し合える本当の家族をつくることを願って生まれながら、いつしか絆《きずな》を断ち切ってしまい、無念の想いを残したまま人生が終わってしまう。前世で戦争のために別れ別れになった友に、今世《こんせ》再び出会い、友情を育みたいと願いながら、またすれ違いの人生で終わってしまう……。そうなってしまうのは、内なる闇としての魂の歪み、「カルマ」を抱いているからです。

魂が歪みを抱《かか》えていると、心は正しくはたらくことができません。現実をありのままに受けとめることも、自分の想いをまっすぐに生み出すこともできず、いつも歪んだ想いが出てきてしまいます。つまり、闇の心──「煩悩《ぼんのう》」が現れるのです。

そんなに怒《おこ》らなくてもいいのに感情的になったり、そこまで自信過剰《かじょう》になることはないのに人を見下《くだ》してしまったり、もう少し緊張すべきときなのにのんびりしていたり、周囲がイライラしてしまうほど引っ込《こ》み思案で臆病《おくびょう》になってしまったり……という具合です。それでは、私たちが本当に願っている現実を生み出すことはできないでしょう。

人は、この世界に生まれ出ると、両親や地域、時代の影響を受けます。そこに闇があればその闇に染《そ》まらなければならず、泥《どろ》の水が流れていれば、その水を呑《の》むことを避《さ》けられないのが人生の条件です。人類がつくってきた光と闇の遺産を引き受け、内なる「光と闇」は外なる「光と闇」と響き合い、人生を織《お》りなしてゆくのです。

この「光と闇の遺産」は、私が三つの「ち」と呼んでいる人生の条件です。

三つの「ち」とは、血《ち》（両親・家族や家系から流れ込《こ》んでくる生き方や価値観や肉体的条件）、地《ち》（地域から流れ込んでくる習慣や価値観）、知《ち》（時代から流れ込んでくる知識や価値観）という大きな流れです。

残念ながら、三つの「ち」という遺産によって、内なる光・魂願よりも内なる闇・カルマの影響がより強く引き出されてしまうのが、この世界の現実であり、等しく誰《だれ》にも課《か》せられた「人間の宿命」なのです。その宿命に支配されたままであれば、魂の願いを果たすことができず、その結果、人生を終えたとき、魂に深い後悔を残すことになるのです。

「人間の使命」とは――光の増幅装置《ぞうふくそうち》として生きる

しかし、人類の歴史が物語っているように、人はただ宿命の闇に呑《の》み込《こ》まれるだけの存在ではありません。誰《だれ》もが一度は宿命の闇に呑まれながら、やがてその闇を浄化し、光に転じて歩むことができるのです。

そこに、「人間の使命」が託《たく》されています。

私たちは、世界に満《み》ちる光と闇の現実を引き受けて、闇から光へ、闇から光へと世界に光転の潮流《ちょうりゅう》を生み出してゆくためにこの世界に生まれてきました。

カルマの影響を受けた「煩悩《ぼんのう》」によって、闇の現実を現し続ける「闇の増幅装置」となるのではなく、「煩悩」を光の心（＝「菩提心《ぼだいしん》」、詳しくは二〇〇頁参照）に転じ育むことによって、「光の増幅装置」として生きるという「人間の使命」を果《は》たすことができるのです。

生まれたならば、必ず「煩悩」を生み出さざるを得ないのが人間です。しかしまた、「煩悩」があるからこそ、それを光の心に転じ、より智慧《ちえ》と愛に満ちた生き方を示すことができる――。人はみな魂の存在として、大いなる宇宙の意志・神につながっていて、一人ひとりが、宇宙の一部として、かけがえのない光を放《はな》つオンリーワンの存在です。人間の煩悩の闇を浄化し、菩提心の光を現すことこそ、私たち人間に等しく委《ゆだ》ねられている「人間の使命」なのです。

闇を見つめる——煩悩《ぼんのう》の諸相

闇を光に転じるという使命を抱《いだ》いている私たち人間——。

しかし、では、そもそも何が闇で、何が光なのか。自《みずか》らの心に生じる見えないエネルギーが、闇に根ざしたものなのか、光の動機に基《もと》づく想いなのか、それを本当に見きわめることは、実は、決して容易なことではないのです。

たとえば、「私は、こんなに全体のことを考えて努力し、尽《つ》くしているのに、どうしてうまくいかないのか」という方の場合、往々《おうおう》にして、自らの光の想いはいつも意識化していても、その奥に潜《ひそ》む煩悩、闇の心にはまったく無自覚であることが少なくありません。

ですから、私たちが、本当に煩悩の闇を菩提《ぼだい》の光に転じてゆくためには、まず何よりも、私たち自身の心が抱く闇＝「煩悩」がどういうものなのかを、よく理解する必要があるのです。

「心」は一人ひとりに固有のもので、十人十色《じゅうにんといろ》と言えるものですが、これまで私は、多くの方々との出会いを重ねる中で、人間の煩悩は大きく四つのタイプに分類できることを見出《みいだ》してきました。

①「快《かい》・暴流《ぼうりゅう》」（独《ひと》りよがりの自信家）、②「快《かい》・衰退《すいたい》」（自己満足の幸福者《こうふくもの》）、③「苦《く》・暴流《ぼうりゅう》」（恨《うら》みの強い被害者）、④「苦《く》・衰退《すいたい》」（あきらめに縛《しば》られた卑下者《ひげしゃ》）という四つです。

この四つのタイプ論は、およそ人間が抱くあらゆる「闇」を的確に見抜《みぬ》き、捉《とら》えることのできる、非常に有効な座標《ざひょう》であると考えています（詳細については、拙著《せっちょ》『新しい力』『「私が変わります」宣言』〈ともに三宝出版〉などで紹介していますので、ぜひお読みください）。

それは、煩悩を超えてゆくためのガイド、地図であるということから「煩悩地図」と呼んでいますが、十数年前にこの「煩悩地図」を発表して以来、セミナーなどの場も含《ふく》めて、何万という方々が取り組んでおり、多くの実証例があります。

ここでは、その特徴をごく簡単にまとめてみました（一九八～一九九頁の表の左側の部分）。

あなたも、それぞれの人生の歩みの中で、これらの四つの煩悩のうち、特にそのいくつかを強く抱いてきたはずです。

多くの場合は、拠点《きょてん》（ベース）となっている煩悩があり、そのうえで、状況に応《おう》じてすべての煩悩が様々に現れます。まず自分自身がどの煩悩に拠点を置いているのか、表の左側の主な特徴の欄《らん》と自分の姿を重ねながら、見きわめてください。

煩悩の拠点がはっきりすればするほど、これまで人生の中で抱いた疑問にも答えを見出すことになるでしょう。よかれと思って人と関わるのに、なぜか孤独になってしまう。何とか事態を収拾《しゅうしゅう》したいと思って一生懸命になればなるほど、場が混乱してしまう。なぜ、いったいどうしてこんなことになってしまうのか——。

その答えは、煩悩の傾向にはっきりと現れているからです。その現実は、事態のせいでもなく、人のせいでもなく、ましてや運命のせいでもなく、ほかならぬ自分自身の心がつくってきた現実だったのだ、ということがはっきりと胸落《むなお》ちします。

それは一人ひとりの現実、個人的な問題ばかりではありません。私たちの社会や国家間の問題にも、この煩悩の傾向が大きく影響しています。強引に力の拡大をめざす国、周囲の国々に敵愾心《てきがいしん》を募《つの》らせて対抗的な姿勢を崩《くず》さない国、危機意識に乏《とぼ》しくぬ

※４つの煩悩のタイプは、それぞれに特徴がある（表の左側）。その闇をとどめるのに、特に有効な菩提心があり（表の中央）、その菩提心を育んでゆくと、今度は、その魂がもともと抱《いだ》いている菩提心（魂の個性の輝《かがや》き）が出現してくる（表の右側）。
※菩提心（12の光の心）は、煩悩（４つの闇の心）をとどめるはたらきをすると同時に、煩悩の奥深くに魂がもともと抱いている個性の光でもある。

その煩悩をとどめるために、とりわけ有効な（育むべき）菩提心	その煩悩の奥から輝くように現れる、魂が元来抱いている菩提心（個性の輝き）
●**月の心**……ひそやかに他に尽《つ》くすことができる陰徳《いんとく》の心 ●**稲穂《いなほ》の心**…実るほどに頭《こうべ》を垂《た》れる感謝の心 ●**観音《かんのん》の心**…いかなる痛みや苦しみも受けとめる慈悲《じひ》の心	◆**山の心**……いかなる試練にも揺《ゆ》らぐことのない不動心 ◆**大地の心**…あらゆる生命を育み可能性を引き出す親の心 ◆**太陽の心**…いかなる闇も照らし、エネルギーを与え続ける愛の心 ……等
●**火の心**…一つのことに集中し、完全燃焼できる熱き心 ●**泉の心**…道なきところに道を切り開き、不可能を可能にさせる智慧《ちえ》の心 ●**風の心**…誰《だれ》の心にも我意《がい》を超えた願いを蘇《よみがえ》らせる無垢《むく》の心	◆**空《そら》の心**…何ごとにもとらわれず、無心に生きる自由な心 ◆**川の心**…こだわりやとらわれを洗い流してしまう浄化の心 ◆**海の心**…違いを包容して一つに結ぶことができる広き心 ……等
●**空《そら》の心**…何ごとにもとらわれず、無心に生きる自由な心 ●**川の心**…こだわりやとらわれを洗い流してしまう浄化の心 ●**海の心**…違いを包容して一つに結ぶことができる広き心	◆**火の心**…一つのことに集中し、完全燃焼できる熱き心 ◆**泉の心**…道なきところに道を切り開き、不可能を可能にさせる智慧《ちえ》の心 ◆**風の心**…誰《だれ》の心にも我意《がい》を超えた願いを蘇《よみがえ》らせる無垢《むく》の心 ……等
●**山の心**……いかなる試練にも揺《ゆ》らぐことのない不動心 ●**大地の心**…あらゆる生命を育み可能性を引き出す親の心 ●**太陽の心**…いかなる闇も照らし、エネルギーを与え続ける愛の心	◆**月の心**……ひそやかに他に尽《つ》くすことができる陰徳《いんとく》の心 ◆**稲穂《いなほ》の心**…実るほどに頭《こうべ》を垂《た》れる感謝の心 ◆**観音《かんのん》の心**…いかなる痛みや苦しみも受けとめる慈悲《じひ》の心 ……等

表　4つの煩悩《ぼんのう》と菩提心《ぼだいしん》（闇から光へ向かう歩み）

煩悩のタイプ	煩悩の主な特徴
快・暴流 独《ひと》りよがりの自信家	ものごとを肯定的、楽観的に受けとめ、積極的に考えて行動してゆくタイプ。何事に対しても意欲的で、エネルギッシュに取り組み、人間関係でもリーダーシップを取って場を活性化させようとする。持ち前の明るさゆえに、活性化した状態が生まれるが、行き過ぎたり、強引だったりして、長続きしない。人一倍頑張《がんば》るのに、なぜかいつの間にか周《まわ》りの人がいなくなったり、パートナーから反旗《はんき》を翻《ひるがえ》されたりする。自分の言う通りにするのが一番と思い込《こ》み、その結果、他人《ひと》の意見を聞かずに、優位の意識で上から支配的に関わるので、周囲は嫌《いや》になってしまう。
快・衰退 自己満足の幸福者《こうふくもの》	ものごとを肯定的、楽観的に受けとめ、融和《ゆうわ》的に考えて行動してゆくタイプ。平和的で優《やさ》しく穏《おだ》やかで誰《だれ》とでも仲よくできる人、また「人はいいが当てにできない」と思われている人に多い。すぐに「まあ、大丈《だいじょう》夫《ぶ》」とエネルギーを落としたり、求める水準が曖昧《あいまい》で低いために「まあ、こんなもの」と満足したり、頼りになりそうな人がいると依存しがち。その結果、いつの間にか場は停滞《ていたい》してマンネリ化し、混乱に陥《おちい》る。
苦・暴流 恨《うら》みの強い被害者	ものごとを否定的、悲観的に受けとめ、攻撃的に考えて行動してゆくタイプ。人一倍、正義感や責任感が強く、妥協《だきょう》せずにものごとを進めてゆく。気むずかしく、激しい気性《きしょう》の人に多い。「自分は全体のことを考えてやっている」という信念を抱いているために、相手を激しく責めたり、不満を爆発させたりするので、どうしても周囲は過緊張になり、恐怖心、警戒心が蔓延《まんえん》してしまう。
苦・衰退 あきらめに縛《しば》られた卑下者《ひげしゃ》	ものごとを否定的、悲観的に受けとめ、消極的に考え行動してゆくタイプ。何ごとも誠実、慎重、着実に進める。また引っ込《こ》み思案《じあん》で、心配性の人に多い。いつも不安や恐れを抱《かか》え、「きっと行き詰《づ》まる」「もうダメだ」と考え、挑戦する前にやめてしまったりする。その結果、周《まわ》りの人をイライラさせ、また重い気分に影響されて、みなが沈鬱《ちんうつ》な気持ちになってしまう。ニヒリズムが蔓延し、徒労感、不信感が場にあふれ、場全体がエネルギーダウンし、沈滞《ちんたい》したムードをつくり出す。

るま湯のようになっている国、経済が停滞《ていたい》して希望を失《うしな》っている国……。それらの国の実態には、煩悩の形が見えています。

一人ひとりにおいても、また社会の問題でも、今生まれている闇の現実を受けとめることが、すべての出発点になるということです。

そして、そこからさらに、煩悩の闇を浄化して転じ、そこに光に満《み》ちた心を息づかせることができるなら、私たちはまったく新しい現実を生み出すことが可能になるのです。

人間の中に息づく光の本質——菩提心《ぼだいしん》とは

煩悩《ぼんのう》の闇を浄化していったとき、自《おの》ずと心に満《み》たされてくるもの——。

それを私は、「菩提心」と呼んでいます。

「菩提心」とは、もともと仏教の言葉で、「菩提（＝悟《さと》り）を求めて仏道《ぶつどう》を歩む心」を指します。しかし私は、「菩提心」とは、もっと広い意味で、人間自身が本来抱《いだ》いている「光の心」であると捉《とら》えています。

困っている人がいれば、思わず「助けたい」と思い、悩み苦しんでいる友を見れば、「相談に乗って力になりたい」と思う自然な気持ち。人との絆《きずな》が切れて孤立《こりつ》した人間関係に苦しむ人、心や身体《からだ》の痛みに苦悩する人、破壊《はかい》や混乱の現実の中で涙する人々を見たとき、「何とかしてあげたい」と素朴《そぼく》に願う心がその原点です。

「痛みには歓《よろこ》びを、混乱には調和を、停滞《ていたい》には活性を、破壊《はかい》には創造を」と願う心——。「本当の自《みずか》らを求め、他を愛し、世界の調和に貢献《こうけん》する心」と定義することができるでしょう。

「菩提心」については、拙著《せっちょ》『12の菩提心——魂が最高に輝《かがや》く生き方』（三宝出版）に詳《くわ》しく書かせていただいていますので、ぜひそちらを参照していただければと思いますが、私は、多様な響きと輝きを抱く「菩提心」の12の典型《てんけい》的な姿を、宇宙と自然の中に見出《みいだ》しています（「月の心」「火の心」「空《そら》の心」「山の心」「稲穂《いなほ》の心」「泉の心」「川の心」「大地の心」「観音《かんのん》の心」「風の心」「海の心」「太陽の心」）。

それらは、宇宙、自然の中に遍《あまね》く存在する光を12の側面から捉えたものであると同時に、それらと映《うつ》し合い、響き合うように私たち一人ひとりの深奥《しんおう》に内在している光です。

煩悩が、一人ひとりの魂の内にある闇＝「カルマ」をルーツとしているように、この菩提心は、一人ひとりの魂の内にある光＝「魂願《こんがん》」をルーツとしています。それは、外から与えられるものではなく、一人ひとりの内に種《たね》のように、球根のように備《そな》わっている心です。

光を増幅《ぞうふく》する――煩悩《ぼんのう》をとどめる菩提心《ぼだいしん》を育む

「煩悩」の闇を抱《かか》えた私たちは、その心に少しずつ「菩提心」を育もうと努めてゆくことによって（一九八～一九九頁の表を参照）、自《みずか》らが背負った宿命を使命へと転換し、新たな人生を生き始めることができます。

たとえば、強引にものごとを進めがちな「快《かい》・暴流《ぼうりゅう》」の方が「月の心」を育んで、相手のことを思い、耳を傾《かたむ》けることができるようになるなら、そのエネルギーは周囲の人たちとの確かな響働《きょうどう》を生み出してゆくに違いありません。

また、いい人だけれど当てにされない「快《かい》・衰退《すいたい》」の方が、常《つね》にものごとに集中し、完全燃焼《ねんしょう》できる「火の心」を育むことができるなら、仕事でのミスやマンネリを乗り越えてゆくことができるのです。

「苦《く》・暴流《ぼうりゅう》」で、他人《ひと》や世界を信じられず、すぐに荒れてしまう傾向を持つ方が、「海の心」の包容力を育むことができるなら、まったく異《こと》なるタイプの人に対する調和的な接し方が生まれてくるでしょう。

「苦《く》・衰退《すいたい》」で、恐怖心が強く、すぐに不安でいっぱいになってしまう傾向を持つ方が、自分の中に「山の心」という不動心を育むことができるなら、少しずつでも確かな地力《じりき》を自らに育み、試練に強くなれるはずです。

私たちは、自分が抱える「煩悩」をとどめるために「菩提心」を育み、その煩悩を滅《めっ》してゆくことができるだけではありません。

実は、その歩みの中で、私たちが抱《いだ》く「煩悩」の奥に潜《ひそ》み、魂がもともと抱いている「菩提心」の光を発現《はつげん》させることができるのです。

たとえば、「快・暴流」の人には、エネルギーにあふれた「太陽の心」や、親のように関わり面倒を見る「大地の心」のかけらが隠《かく》れています。「快・衰退」の人には、違いを包容する「海の心」や、こだわりやとらわれを洗い流す「川の心」のかけらがあり、「苦・暴流」の人には、一心《いっしん》に燃焼する「火の心」や、大切なものにまっすぐに向かう「風の心」のかけらが含《ふく》まれています。そして「苦・衰退」の人には、ひそやかに他に尽《つ》くすことができる「月の心」や、他の痛みを受けとめる「観音《かんのん》の心」のかけらが備《そな》わっているのです。

ただし、この「魂がもともと抱いている菩提心」は、煩悩の形から自動的に決まってしまうものではありません。一九八～一九九頁の表の右側の欄《らん》に示されたものは、一つの手がかりと考えてください。あるいは、自分が憧《あこが》れる菩提心、心が強く惹《ひ》かれる菩提心、気になり続けている菩提心なども重要な手がかりと言えるでしょう。

しかし、いずれの場合も、「煩悩」の闇を浄化するにつれて、私たちの中から、もともと抱いていたそれらの「菩提心」のかけらが少しずつ光を増し、確かなものとなってゆくのです。それは、その魂が抱く個性の輝《かがや》きの出現《しゅつげん》にほかなりません。

上司とぶつかり、転職を繰《く》り返す人生

では、私たちは、具体的にどのようにして宿命として抱《かか》えた「煩悩《ぼんのう》」の闇を浄化し、転換して「菩提心《ぼだいしん》」を育んでゆけばよいのでしょうか。「魂の学《がく》」を学びながら、その道を歩み始めているお一人の方をご紹介しましょう。

その方は、現在、住宅総合メーカーの営業の仕事をされている櫻田健二《さくらだけんじ》さん（六十代、仮名）です。

櫻田さんは、かつて、たとえば車を運転していて、モタモタ走る車や、青信号に変わってもすぐに発進しない車を見ると、「俺《おれ》の邪魔《じゃま》をするのか！」とムラムラと怒《いか》りが込《こ》み上げ、クラクションをけたたましく鳴らすというように、激しい苦《く》・暴流《ぼうりゅう》の煩悩を抱《いだ》いていました。

万事がこの調子だった櫻田さんにとって、人を理解する、人の気持ちを受けとめることは大の苦手でした。実際、上司とぶつかることが多かった櫻田さんは、これまで十社にもわたって転職を繰り返してきました。

たとえば、最初の会社では、結婚を機に給料を上げてもらおうと上司に交渉したと

ころ一蹴《いっしゅう》され、「こんな会社にはいられない」と、即刻《そっこく》辞表を叩《たた》きつけてしまったり、次の会社では、上司から指示を受けるのは当然のことなのに、そのこと自体が気に入らないと反発してしまったりという具合でした。

「こんな上司の下で働くのは嫌《いや》だ」「俺は本当はこんなところにいる人間じゃない」という不満がいつも心の中に渦巻《うずま》き、どの職場に行ってもうまくいかず、上司を恨《うら》み、会社を恨む心をどうしても抑《おさ》えることができなかったのです。

それは、現在の住宅総合メーカーに就職してからも変わりませんでした。櫻田さんは、相変わらず上司に対して不満を抱き、怒りの刃《やいば》を回し続けていました。

酒乱の父に殺意を抱《いだ》く——櫻田さんが引き受けた宿命とは

では、なぜ櫻田さんは、これほどの苦《く》・暴流《ぼうりゅう》の心を抱《かか》えることになったのでしょうか。それは、櫻田さんの魂の中にある「カルマ」が、両親や地域や時代という条件の中で引き出されたからにほかなりません。櫻田さんの場合、特に両親との関わりが、その後の人生に大きな影響を与えました。

櫻田さんの父親は、職業軍人の一族の中、学校の勉強もよくできて獣医師の資格を取りました。しかし、旧制の大学を卒業したのがちょうど終戦の年と重なり、戦後の混乱期、家が貧《まず》しかったこともあって、動物病院を開業することができませんでした。先輩を頼って秋田県の県庁の臨時職員になり、生涯《しょうがい》を地方公務員として終えたのです。「一旗《ひとはた》あげよう。成功したい」と思っていたのに、結局、その願いは叶《かな》えられず、身の不運を嘆《なげ》く父親の気持ちは、櫻田さんの中にも、間違いなく流れ込《こ》むことになりました。

一方、母親の実家は、代々の地主で名家でしたが、戦後没落《ぼつらく》し、食堂と精肉店を営《いとな》んでいました。そこに、県庁の衛生局職員としてやってきた青年（後の父親）を家族が大変に気に入り、「ぜひ娘を嫁《よめ》にもらってほしい」ということで、結婚することになりました。

新たな生活を始めた新婚夫婦——。しかし、父親は典型《てんけい》的な酒乱でした。外では腰が低く、誰《だれ》に対しても愛想がよいのに、家に帰ってくると酒を飲んで暴言を吐《は》き、暴力を振《ふ》るう。櫻田さんが物心ついて覚《おぼ》えているのは、荒れ狂《くる》って、鬼《おに》のように母親を罵《ののし》り、暴力を振るう父親の姿でした。母親には打ち身や青あざが絶《た》えませんでした。

小学生の頃、大好きな母親を守りたい一心だった櫻田さんは、父親の怒鳴《どな》り声を聞くのが何よりつらく、悲しく、恨《うら》みの想いを次第に募《つの》らせてゆき、やがてそれは、殺意へとつながるほどでした。

あるとき、夜中に台所から包丁を持ち出し、父親を刺してやろうと計画を立てるのですが、いざ実行の段になると、不思議なことになぜか眠くなって寝てしまうということが続き、幸いにも未遂《みすい》に終わりました。

やがて櫻田さんは、こんな家族になった責任は母親にもあると思うようになり、父親から子どもを守ってくれない母親をも軽蔑《けいべつ》し、恨むようになりました。父親の言いなりになり不幸になっている母親の姿を憐《あわ》れにさえ感じ、「人の言いなりになって幸せになるくらいだったら、自分のやり方で野《の》たれ死んだ方がいい」と、両親に対する不信、そして社会に対する不信の土台となる気持ちが心の奥底に形成されていったのです。

「誰も頼りにならない。頼りになるのは自分だけだ」と、櫻田さんは学業に力を込《こ》め、努力を重ねた末《すえ》に東京大学を受験しますが、三度の受験失敗。最後は、挫折《ざせつ》感を抱きながら、私立大学の法学部へと進学します。そして、大学卒業後に司法試験を志《こころざ》しますが、合格は叶《かな》わず、ここでも挫折感を強めることになります。

この頃が人生の中で一番つらい時期、どん底だったと櫻田さんは語っています。

「人生も世界も信じられない。自分にチャンスをくれなかった。自分に道を開いてくれなかったじゃないか！」という恨みが、櫻田さんの青年期の心の土台に形成されてゆくことになりました。

「僕だって、人を助けたい」

そのような人生の背景を抱《かか》えながら「魂の学《がく》」を学び続けた櫻田さんに、人生の転機が訪《おとず》れます。

何とかうまくいっていた上司が栄転でいなくなり、ライバルだったA氏が営業所の所長になるのをきっかけに、住宅会社を一旦《いったん》退職してしまったときのことです。栄転した上司が心配してくれて、「君なら高収入も堅《かた》いから」と完全出来高制で収入が決まるフルコミッションセールスを勧《すす》めてくれたのです。

その勧めに応《おう》じ、櫻田さんは特約店契約を交《か》わし、契約社員として勤めることになりました。ところが、その後、営業所に行くと、A所長からいきなり配置替《が》えを促《うなが》されました。それは、売買《ばいばい》が困難な調整区域を含《ふく》んでいて、とても順調な営業は望めないようなエリアだったのです。櫻田さんは、「自分を追放するつもりだな」と思いました。

このときは、何とかほかの課長にお願いして、仕事ができるエリアにつながることができたのですが、A所長に対する不信感と恨《うら》みは決定的になりました。

さらにその後、櫻田さんが十一年間も大切に追いかけてきた顧客《こきゃく》の仕事が具体化しそうな段階を迎《むか》え、顧客から「一、二カ月は動かないからその頃に来てほしい」と言われて待っていた間に、同じ営業所の若手社員Bさんがその顧客に働きかけ、A所長と仕事をまとめようとしているという話が入ってきたのです。

「十一年間も追いかけてきたのに、どういうことだ!」と、怒《いか》りに心が震《ふる》え、ショックで身動きできないほどの状況でした。所長によって、自分が完全に根絶《ねだ》やしにされてしまうかもしれない。それでも、何とか気を取り直し、心を立て直そうとした櫻田さんですが、「あまりにも理不尽《りふじん》だ！」という想いをどうすることもできませんでした。

そして、話はさらに進んで、Bさんが注文書を取ってくるという事態になりました。

「こんなひどい話があるか！　Bの奴《やつ》を叩《たた》き殺してやりたい。所長や支店長に訴《うった》えてみようか。いや、待てよ。そんなことをしたら、このトラブルを口実に反対にこっちがやられる。これは罠《わな》かもしれない。所長が俺《おれ》の首を取るために仕掛けた罠にちがいない。みんながグルになって、俺を怒《おこ》らせて、契約社員と社員をぶつけて、それを口実に契約社員の首を切ろうとしている罠だ……」

そんな想いや考えを抑《おさ》えることができなかった櫻田さんは、「魂の学」を一緒に学んでいる仲間に相談しました。櫻田さんは、その仲間がきっと自分の置かれている状況を理解して、「大変だね」と思いやりのある言葉をかけてくれるとばかり思っていました。しかし、彼は櫻田さんにこう言ったのです。

「今まで自分のためだけに契約を取ってきたんだから、これからは人にも契約を取らせてあげたら……」

櫻田さんは、一瞬呆気《あっけ》にとられ、「何を言っているんだ、この人は!?」と思いました。そして、「俺《おれ》はフルコミッションセールス（完全出来高制）だぞ。そんなことをしたら、食べていけなくなるじゃないか。こんな人に相談するんじゃなかった」と、次々に怒《いか》りの言葉が出てきました。自分の心情を誰《だれ》よりも深くわかってくれる味方だと思っていたのに、突然、敵《てき》に回ってしまったように感じたのです。

「そんなことは絶対に受け入れることはできない」と思いました。

しかし、その一方で、なぜか仲間の語ったその一言《ひとこと》が、その後、耳から離れなくなってしまったのです。打ち消そう、打ち消そうとしても、心の中から、「彼はいったい、何を伝えようとしていたのだろうか」という想いがわき上がり、何日も眠れぬ夜を過ごしました。

そしてあるとき、櫻田さんの心の奥から、思ってもみなかった言葉があふれてきたのです。

げたい。

――僕だって、人を助けたいし、若い人が困っているなら、いろいろ手助けしてあ

家族を食べさせていけるんだったら、自分のノウハウを社員に伝え、社員のみんなが成績を上げて、会社を盛《も》り立てて、みんなと仲よくやりたい――。

胸の奥から想いが突《つ》き上げ、涙が込《こ》み上げてきました。

ずっと一匹狼《いっぴきおおかみ》で、自分の成功ばかりを考えて歩んできた櫻田さんは、まさか自分の中にこんな想いがあるとは思ってもみませんでした。

それは、櫻田さんにとってのユニバース体験でした。覆《おお》われ、隠《かく》されていた心の奥にあった願いが、突然、噴《ふ》き出してきた瞬間だったのです。

櫻田さんにとって、仲間の言葉は、その人の言葉であることを超えて、櫻田さん自身の心の奥からの声でもあったということではないでしょうか。

だからこそ、何度打ち消そうとしても、その言葉を忘れることができませんでした。「なにを！」と思いながら、幾晩も幾晩も考え続けた末に、ようやく櫻田さんは、自《みず》らの本心に巡《めぐ》り会うことができたのです。

に定めます。

敵《てき》と思っていた所長が、誰《だれ》よりも有難い同志となる

櫻田さんは、新たな人生を始めようと決意しました。そして、次のような願いを心に定めます。

「A所長と響働《きょうどう》して、営業所を盛《も》り立てて、みなにいきいきと生きてもらいたい」

当時、営業所の業績は振《ふ》るわず、所長が朝礼で「お前ら、この営業所を潰《つぶ》す気か！」とよく怒鳴《どな》っていて、職場全体も元気のない状態でした。

櫻田さんもそんな所長を嫌《きら》っていたので、「所長は早く左遷《させん》されてしまえ。自分だけ成績を上げて、儲《もう》ければよい」というのが日常の正直な想いでした。しかし、櫻田さんは、この自《みずか》らの気持ちを転換し、まず何よりも、「自分は愛したい。食べる心配さえなければ、みなの役に立ちたい」という本心を思い定めたのです。

その想いが本当に定まったとき、なぜか再び涙がこぼれて仕方ありませんでした。自分の心深くにありながら、長い間気づくことなく、閉じ込《こ》めてきた想いだったからでしょう。

そしてそれは、櫻田さんの魂の願いにほかなりませんでした。

強烈な人間不信にならざるを得ない厳《きび》しい人生を宿命として背負った櫻田さんの心に亀裂《きれつ》が入り、その奥に眠っていた「人を愛したい」という願いが蘇《よみがえ》った瞬間だったのです。

そんな体験をした翌日、いつものように出社したところ、不思議なことに、昨日までとは打って変わって、会社全体が明るく、空気が軽くなっていました。

それまでは、所長とできるだけ目を合わせないように距離を置いていたのが、まるで見えない壁《かべ》が取り払われたかのように、明るく、ごく普通に挨拶《あいさつ》をし、やり取りしている自分がいたのです。

以前なら、「どうなっている？」と所長から聞かれること自体が嫌《いや》で、「受注のチェックをして、批判してくるに違いない」という想いがすぐに動いたのですが、このとき以来、所長にどんどん相談できるようになり、気がついたら、櫻田さんがもっと契約を取れるように、所長の方から応援してくれるようになっていました。

何よりも嬉《うれ》しかったのは、それまで所長の中に悪意しか見えず、「自分を滅《ほろ》ぼそうとする敵」としか思えなかったのが、そう見せていたのは、櫻田さん自身の心の中にある苦《く》・暴流《ぼうりゅう》の煩悩《ぼんのう》であったと気づいたことです。世界と自分の間にはいつも苦・暴流の心があり、その煩悩を通して世界と関わっていたことが、はっきりと見えてきたのです。

櫻田さんが、自《みずか》らの本心に目覚《めざ》め、願いを立てて会社に行ったその日から、所長との関わりが変わり、敵と思っていた所長が、誰よりも有難い同志となって、響働して仕事ができるようになりました。

職場における変化は、所長との関わりだけにはとどまりませんでした。「若い人たちにも、必要な仕事ならば譲《ゆず》ってもいい」と櫻田さんが思えるようになったとき、かえって取引先の方々からも信頼されるようになり、仕事が多く来るようになるという光転にも恵まれたのです。

人生を結び直す——気がついたら恨《うら》みの想いが消えていた

櫻田さんの中に芽生《めば》えた新しい心は、12の菩提心《ぼだいしん》で言えば、他のために心を尽《つ》くすことができる「月の心」、そしてすべての可能性を信じて親のように育むことができる「大地の心」と言えるかもしれません。

自分の中にあった苦・暴流の心が大きく変化し、「自分は本当に癒《いや》されて幸せになった」と思えるようになったある日、櫻田さんは、あれほど憎《にく》み、恨み、絶対に許《ゆる》すことができないと思っていた両親に対する想いが、いつの間にか心の中から消えていることに気づいたのです。

それればかりか、「今のままでは、かつての自分がそうであったように、父親も母親も心の中は地獄《じごく》で、本当に安らぐことがない。自分の力ではどうにもできないかもしれないが、何とか両親も救ってあげたい」と思うようになっていたのです。日を追うごとにその想いは募《つの》り、櫻田さんは、郷里《きょうり》の母親に連絡しました。

いろいろな話をした後、最後に、「母ちゃんに、もしものことがあっても、俺《おれ》は必ず救いに行くからな」とすがすがしい気持ちで語りかけると、母親も「うん、うん」と聞いてくれました。その後、両親と櫻田さんの関わりは、かつてのことが思い出せないほど、温《あたた》かいものに変わってしまったのです。

人生の始まりから重い宿命に呑《の》み込《こ》まれた櫻田さんは、恨みや怒《いか》りの想念をどうすることもできず、「周《まわ》りはすべて敵《てき》」と闘《たたか》い続けてきました。その歩みの中で、その心の奥深くに隠《かく》されていた魂の願いに気づいたとき、恨みの心は浄化され、思いもしなかった人生の転換が起こりました。多くの人と響働《きょうどう》する新しい職場が生まれ、さらにその光は両親の人生にまで及《およ》んでいったのです。

櫻田さんの魂は、もともとそのように生きる願いを抱《いだ》いていました。その魂は、恨みを背負うことになる人生に敢《あ》えて飛び込み、一旦《いったん》は、その闇を吸い込んで、カルマを引き出すところから人生を始めました。

しかし、やがて自《みずか》ら自身の中に引き受け、引き出された人間の闇を浄化し、菩提《ぼだい》の光に転じて、周囲に希望の光を投げかけてゆく人生を送ることができるようになったのです。

そしてそれは、すべての人に内包《ないほう》された道であり、すべての人に予定されている道です。

誰《だれ》もが、魂の「カルマ」と生まれ育ちの条件ゆえに、様々な超えがたき煩悩《ぼんのう》を抱き、その煩悩に翻弄《ほんろう》されて生きざるを得ません。

しかし、その煩悩を浄化して光に転じることも、またその煩悩の奥に宿《やど》っている菩提心を引き出すことも、私たちにはできるのです。

闇を転じ、もともとそこに眠っていた光を引き出して、光の増幅装置《ぞうふくそうち》となる——。

それが人間に与えられた使命にほかなりません。私たちの世界は、その使命が輝《かがや》くときを待っているのです。

第6章

覚醒

——アクロス・ザ・ユニバース

夜空に広がる星々の輝《かがや》きを見て
誰《だれ》もが理由もわからず心を震《ふる》わせるのはなぜだろう。

宇宙の彼方《かなた》、何万光年も遠くで発《はっ》された光――。

そこから飛び散った光子《こうし》が、広大無辺な真空空間を貫《つらぬ》いて
今、あなたの網膜《もうまく》の一角に辿《たど》り着く。
その光は、杆体《かんたい》・錐体《すいたい》という二種類の視覚細胞によって
直《ただ》ちに電気信号に変換され、私たちの「精神」の領域に届《とど》けられる。
こうして、私たちの「精神」は
遙《はる》か彼方で、何万年も前に生じた「現象」と
相互作用するのである。

アクロス・ザ・ユニバース――。

夜空を見上げたときに感じるあの心の震えは
あなたの精神に触《ふ》れるただ一瞬をめざし
何万光年の孤独を越えてやってきた
その「知らせ」に対する感動である。

不滅《ふめつ》なる魂である私たちもまた
計《はか》り知れぬほどの時をかけて輪廻《りんね》を繰《く》り返し
今、この人生を経験している。
あの人と出会うために――。
その出来事を経験するために――。
長久《ちょうきゅう》の孤独を貫く光線と同じ情熱を抱《いだ》いて
この世界に生まれてきたのである。

あなたの中には
あなたをその人生に運んできた千古《せんこ》不滅《ふめつ》のロマンがある。
絶《た》えることのない魂の炎《ほのお》が燃え続けている。

循環《じゅんかん》の法則――生と死を結び続ける宇宙のリズム

宇宙の至《いた》るところで、新たに生まれている星々――。成長し、やがて死を迎《むか》えた星はチリやガスになり、再び新しい星となって誕生するときを待ちます。そこには、すべての物質と生命を含《ふく》め、宇宙を貫《つらぬ》く循環の法則が示されています。

巨大な銀河系の中を太陽が回《まわ》り、太陽の周《まわ》りを地球が、地球の周りを月が回っています。宇宙に満《み》ちる循環の「環《わ》」は、大自然から私たちの身体《からだ》の細胞に至るまで、無数のネットワークとなって張り巡《めぐ》らされています。

私たち人間も、循環の力によって生かされていると言っても過言《かごん》ではありません。人間の生理が持っている昼夜のリズムは、地球の自転と深く関わっています。そのリズムは、他の動植物など様々な生き物の内側にも息づいています。

睡眠・覚醒《かくせい》のリズムは太陽の動きによって生まれ、それをもとに身体の機能は司《つかさど》られています。私たちの心臓は、およそ一秒間に一回、体内に新鮮な血液を送り、血液は平均一分間で全身を一周し、循環を繰《く》り返しています。胃壁《いへき》の細胞は約十二時間で再生され、皮膚の細胞は約四週間、肝臓の細胞は一年半で新しく入れ替《か》わっています。

驚《おどろ》くべきことは、心拍数《しんぱくすう》から血液の流れ、細胞の入れ替わりまで、私たちの身体は、それぞれの部分が独自のサイクルを持ちながら、同時に相互が密接に連携《れんけい》し合い、調和して身体全体の組織を活動させ、持続させているという事実です。

小宇宙としての人間は、大宇宙の周期的運動とつながりを持ち、新陳代謝《しんちんたいしゃ》の周期を生み出し、生命活動を行っている――。

人間がその体内に宇宙を持っているという事実は、誕生の神秘にも表れています。

私たちは、母親の胎内《たいない》にいたときから生まれるまでの間、地球の海に生命が発生し、海から地上に上がり、やがて人類が誕生するまでの「生命の進化の過程」をすべて経験すると言われています。まさに「海」のごとき母胎《ぼたい》の羊水《ようすい》から、「大地」の広がる地上へと生まれ、胸いっぱいに「空気」を吸うことから人生を始めるのです。

その私たちすべての生命が生きてゆくために不可欠な水もまた、循環の力によってもたらされています。大地や海にある水が、蒸発して大気中を漂《ただよ》い、それが雨や雪となって地面や海面に降《ふ》る。降った水は再び蒸発して大気中に戻《もど》り、また地上や海上に降るという大循環です。その蒸発と降水の絶妙なバランスとサイクルが維持され繰り返されていることによって、私たちはようやく生きながらえてゆくことができるわけです。

そして、人間を含むあらゆる生命は、外から水や空気、食物など様々な元素を体内に取り入れ、必要でなくなったものを外に出しながら生きてゆき、やがて死を迎え、すべての元素を地球に戻すことになります。いくつもの途切《とぎ》れることのない循環の「環」が、地球上のすべての生命、地球全体のいのちを支《ささ》えているのです。

人生の四季

宇宙は、自然の四季のリズムと同じように、人間の人生にも四季を与えています。「魂の学《がく》」では、そのことを次のように捉《とら》えています。

「春」は、生まれてから三十代に至《いた》る季節。幼《おさな》く庇護《ひご》を必要とする状態から、肉体的・精神的成長を果《は》たしてゆく時期です。両親をはじめとして様々な人の助力を得て勉学に励《はげ》み、社会に出て仕事をし、家庭をつくって独《ひと》り立《だ》ちしてゆく。目標や願いを抱《いだ》き、ときに挫折《ざせつ》も経験し、試行錯誤《しこうさくご》を繰《く》り返しながら生きる道を模索《もさく》するときです。

「夏」は、三十代から五十代後半、まさに人生の充実と発展の年代を意味しています。前半は、仕事や子育てなど社会的にも大きな責任を背負い、それに応《こた》えて実績を積み上げ、後半は、それを土台として次の季節へと力を蓄《たくわ》えてゆきます。

「秋」は、六十代からの人生の締《し》めくくりのときです。人生の収穫の季節であり、春夏の準備を経《へ》て、様々なことを成し遂《と》げ、人生の使命を果たしてゆく成熟の時期です。それまでの人生を総括《そうかつ》して実を結び、多くの人々にその恩恵を分け与えることができる時期と言えるでしょう。

そして「冬」――。それは、魂の次元に帰還《きかん》するときです。つまり、人生を終えてあの世へ旅立ってからの時間です。自然の冬が、あたかも生命の営《いとな》みが止まってしまったかのように見えても、やがて巡《めぐ》り来る春に備《そな》えている時期であるように、私たちにとっての「冬」＝死の季節も、肉体生命は死を迎《むか》えながら、魂としては次の人生に備えるときなのです。

美しく咲いた花が、やがて散って大地に還《かえ》るように、私たちの肉体も大地に還ります。しかし、地に戻《もど》って終わることなく、肉体の元素は、別の生命や自然の一部となって蘇《よみがえ》り、循環の「環《わ》」を永遠に巡り続けます。

私たちの魂もまた、蝶《ちょう》がサナギの殻《から》を脱《ぬ》いで空中に飛び立つように、肉体を離れてあの世へ還り、人生で経験したすべてのことを振り返って、再び地上に生まれる準備をするのです。

それは、水が地上を離れて空へと昇《のぼ》り、再び空から地上へと降《お》りてくる姿にも似ています。私たちは、宇宙の循環の力のもとに様々な経験を積みながら永遠の旅を続けているのです。

魂の旅路——もう一つの世界を歩む

人生の旅を終えるとき、私たちは、魂として新たな旅に出発します。たとえ肉体が滅《ほろ》んでも、魂は成長し続けます。そして、使命は何ら変わることなく貫《つらぬ》かれるのです。生死を超えたはたらきを私たち一人ひとりが抱《いだ》いているということです。

「魂の学《がく》」では、この世を「現象界《げんしょうかい》」と呼び、あの世を「実在界《じつざいかい》」と呼んでいます。

実在界に対する理解がないために、現象界に生きる多くの人々の眼には、「死後」は虚無《きょむ》や沈黙の世界でしかないと映《うつ》ります。見えない存在の関わりも感じられず、神の呼びかけも聞こえません。それだけこの世界の意識と次なる世界の意識は異《こと》なり、この世とあの世の言葉は隔《へだ》たっているように感じられるのです。

その大きな隔たりを実際に超えてゆくのが「死」です。

次なる世界に入ってゆくと、それまで虚無や沈黙としか思えなかった世界が、豊かな彩《いろど》りをもって現れます。

そこでは、かつて、私たち自身を愛してくれた人々——祖父母、両親、先立った伴《はん》侶《りょ》、友人、知人、そして転生《てんしょう》を超えた魂の友が迎《むか》えてくれます。そして、神の呼びかけも、その関わりも、はっきりと実感できるようになるのです。

ここでお伝えしたいことの一つは、「死」は、私たちが考えている以上に連続した出来事であるということです。

深い愛情に育まれている幼《おさな》い子どもたちが、遊びに夢中になって家のことなどすっかり忘れてしまい、夕方になって家に帰るのを惜《お》しんでいても、いざ家路につき、家の門をくぐると、温《あたた》かいものに包《つつ》まれ、緊張から解放されるように、「死」とは、「ただいま」と言って家に帰ってゆくような連続した経験なのです。

確かに、この肉体を離れるときは、大きな苦痛を感じることもあるでしょう。孤独感や恐れ、不安がのしかかってくるかもしれません。人生に対する後悔の念が心を覆《おお》うかもしれません。

しかしそれは、重力圏《じゅうりょくけん》から脱出《だっしゅつ》しようとする宇宙飛行士がみな、大きな重圧を通過しなければならないようなものです。一つの世界からもう一つの世界に入るときには、壁《かべ》を突《つ》き抜《ぬ》けなければならないからです。

私たちが死を迎えるとき、ちょうど手術前に麻酔《ますい》をかけられたように、意識が昏睡《こんすい》したままの状態が続く場合があります。長いときは一年、二年、さらには数十年も続くケースもあります。

それは本人が、自分は今どういう状況にあるのかがわからないことから生じます。もう肉体を持つ人間ではないこと、すでにこの世の人生は終わって魂の故郷《こきょう》へ帰還《きかん》してゆく道のりにあることを、本人が気づかなければなりません。逆に言えば、人生はそれぐらい自然に終わってしまうことが多々あるということです。

光と闇の段階的世界へ

肉体を離れた魂は、その人の意識そのままの世界に赴《おもむ》くことになります。

あの世――実在界《じつざいかい》の法則は、ある意味でシンプルです。重いものは下へ沈《しず》んでゆき、軽いものは上へ上昇してゆく。つまり、この世でつくった意識が重ければ重い世界に、軽やかであれば軽い世界へ、暗転に導く闇の心を抱《かか》えていれば闇の方向へ、光転を導く光の心を抱《いだ》くならば光の方向へとつながってゆきます。

肉体を離れてから数時間から数日後に、魂が赴く場所を決める歩みが始まります。この時期に、魂は人生を振り返り始めるのです。もし、自分の中に越えがたい重いテーマを持っていたとしても、それを溶《と》かすことができるなら、魂は、光の世界に向かうことができます。

たとえば、ある方は、両親に対するこだわりを最期《さいご》まで強く残していました。その重さを持って死を迎《むか》えるなら、同じ重さの次元につながってゆきます。私は、肉体を離れたその方とともに人生を振り返り、そのこだわりの所以《ゆえん》を受けとめました。

時間の流れの中で生きている私たちにとって、その流れから離れて人生全体を見渡すことは大きな意味を持ちます。

肉体から離れると、過去、現在、未来という時間からも解放されてゆきます。今までの思い出の一つ一つが、時間系ではなく、まるでブドウの房《ふさ》のようにつながって、次から次へと蘇《よみがえ》ってくるのです。

その方は、上も下もなく左も右もないような場所の中で、自分の中にある闇と光を見きわめ、人生の歩みを振り返ってゆきました。両親のことばかりでなく、人生に訪《おとず》れたいくつかの問題ともつながるテーマがあることを発見し、こだわりを少しずつ溶かしてゆきました。やがて、その方の中に光を志向する心が生まれることによって重さは軽減し、明るい世界へとつながっていったのです。

ですから、誕生《たんじょう》から死に至《いた》る人生の歩みの中で、自分がこの世界にどのような痕跡《こんせき》を残したのか、それをよく理解し、受けとめて浄化することがとても大切になってきます。

しかし、その振り返りを自分一人で行うことは容易ではありません。魂が赴く同じ重さの世界とは同質の意識の世界であり、同質ということは違和感を覚《おぼ》えることがなく、自分の状態になかなか気づくことができないからです。

身体《からだ》と同じ温度、同じ比重の食塩水の中に身を横たえていると、どこまでが自分の身体なのか、その感覚がわからなくなります。故郷《こきょう》で暮《く》らしていれば、言葉、風習、価値観など自分と同質のものに違和感を持つことは稀《まれ》でしょう。自《みずか》らの意識と同質の環境の中で自分を振り返ることは、それだけに難《むずか》しいのです。

しかし、私たちは無力ではありません。そのとき、あなたの人生の振り返りを導き、助けてくれる霊的な存在が現れるからです。その助力に心を開き、導かれながら、私たちは見えない次元での歩みを進めることができるのです。

その振り返りを終えた後、あなたは、自らの境地に見合った世界、魂の次元に赴くことになります。

そして、地上に生きている私たちも、その振り返りの助力者となることができます。それは、たとえば「供養《くよう》」という営《いとな》みを通して果《は》たされます。

供養とは、亡《な》き魂に対する慈《いつく》しみと感謝を捧《ささ》げる歩みです（供養の詳細については、機会を改めてお伝えしたいと考えています）。生前のその方の姿をありありと思い出し、亡き魂に対する想いを伝えて、今もなお、互いに魂として深化成長の道を共に歩んでいることを心に刻《きざ》むことです。そのような想いを注《そそ》ぐことが、亡き魂への大きなはたらきかけとなります。亡き魂は、その想いを受けとめて、自らを振り返る力とし、還《かえ》るべき世界へと向かうことができるのです。

魂は、もう一つの世界——実在界で、自らの生涯《しょうがい》を振り返り、そのすべてを成長の糧《かて》としながら、新たに人生の経験の中から学び得たことを転生《てんしょう》の智慧《ちえ》に加えます。そして、そのすべての智慧と慈悲《じひ》の心をもって、再び現象界《げんしょうかい》の人々を見守り、励《はげ》まし、助力し続けてゆくのです。

肉体を抱く私たちも、このような眼に見えない存在の助力を忘れてはならないでしょう。姿は見えなくても、彼らは私たちの傍《かたわ》らにあり、言葉と肉体を超えた同伴者、対話者として生き続けています。

そしてだからこそ、私たちもまた、見える見えないを問わず、すべての人の同伴者、対話者として歩みたいと思うのです。その歩みこそ、私たち一人ひとりが肉体の生死を超えたはたらきを自覚する一歩であり、永遠の生命として生きる一歩にほかなりません。

無限の軌道《きどう》を牽引《けんいん》する力――内なる魂の願い

永遠の旅路の中で、人は魂として何度も人生を経験しながら、深化成長を続けてゆきます。では、私たちの魂は、なぜ転生《てんしょう》を繰《く》り返し、成長を続けようとするのでしょうか。

それは、一度だけの人生ではとうてい果《は》たすことのできないほどの強い願い、何度生まれ変わっても魂が変わることなく抱《いだ》き続けている「永遠の願い」を果たすためです。

その魂が抱く願いのことを、私は「魂願《こんがん》」と呼んでいます。それは、魂の意志、良心、仏性《ぶっしょう》とも呼ばれてきたもので、光のエネルギーそのものです。魂願は、どのような時代や国に生まれようとも、まったく異《こと》なる人生の条件のもとであっても、決して変わることなく、その魂に貫《つらぬ》かれるのです。

たとえば、仏教の「四弘誓願《しぐせいがん》」という言葉を耳にされたり、菩提寺《ぼだいじ》の法要などで読まれたりしたことはないでしょうか。それは菩薩《ぼさつ》の発する四つの誓願というものですが、その最初の項目に「衆生無辺誓願度《しゅじょうむへんせいがんど》」――生きとし生けるものは限りないけれど誓《ちか》って救うことを願う、というものがあります。大変な誓い、願いであり、その遙《はる》かな願いを果たすことは、たった一度の人生だけでは不可能でしょう。

この願いの背景には、「すべての衆生が救われるまで、私は何度でもこの世に生まれてきます」という菩薩としての不退転《ふたいてん》の意志が込《こ》められています。

そのように深く強い願いが、誰《だれ》の魂の内にも息づいているのです。

「そんなに強い願いが私の中にあるとは思えない」という方もいらっしゃるかもしれません。しかし、初めはそのように言われていた方が、やがて自分の胸の奥から熱くわき上がってくる願いに気づき、新たな人生を生きてゆかれる姿に、私はこれまで数え切れないほど出会ってきました。

ですから、「自分には願いなどない」と早急に結論を出さないでいただきたいのです。魂の願いを思い出す道は必ずあるからです。

人生には四つのテーマが託《たく》されている

先に述べたように、一回の人生で、魂の願いのすべてを果《は》たすことは叶《かな》いません。人生を終えるとき、「私は悔《く》いなく生きた」という人であっても、生まれる前に抱《いだ》いた魂の願いに立ち還《かえ》ってみれば、やり残した仕事、自《みずか》らの未熟ゆえに起こした失敗、果たせなかったことなど、様々な後悔を抱くのです。

なぜでしょうか。その大きな理由の一つが、第5章で見たように、私たちの魂には、願いだけではなく、その願いを阻《はば》む「カルマ」という闇のエネルギーが同時に存在しているからです。

魂願《こんがん》とカルマ——。それは、人生を形づくる大本《おおもと》のエネルギーであり、私たちが人生で果たすべきテーマを浮《う》かび上がらせるのです。

そのテーマは、おおよそ以下の四つに集約することができると私は考えています。

①魂の歪《ひず》みを修復し成長を果たす。

②過去世《かこせ》において痛みを抱《かか》えてしまった関係（逆縁《ぎゃくえん》）を結び直す。
③過去世において志半《こころざしなか》ばで終わってしまった願いを果たす。
④過去世において獲得してきた魂の力をもって、周囲の人々や場を照《て》らす。

人生に様々な違いがあっても、この「転生《てんしょう》の四つのテーマ」はすべての人に共通しています。私たちは、これらを追求してゆくことによって魂を成長させ、大いなる調和をこの世界に創造するという共通の目的を実現しようとしているのです。

もちろん、転生のテーマをすぐに見出《みいだ》せるとは限りません。むしろ、それを見定《みさだ》めるには、長い時間が必要になる場合が多いでしょう。私たちの日常は忙《いそが》しく、人生の時間の多くを、目の前の現実に応《こた》えることに費《つい》やしてしまいます。

しかし、その目の前の現実、日々の出会いと出来事にも、そのテーマを伝えようとする声なき呼びかけが潜《ひそ》んでいます。私たちは、人生を生きてゆく中で、一つ一つの出会いと出来事から転生のテーマに気づいてゆくことができるのです。

人生を織《お》りなす人と天の約束とは——アクロス・ザ・ユニバース

そのような遥《はる》かなテーマを内に抱《いだ》いて、永遠の時を歩む人間——。その人間たちをこの地に送り出し、見守り続けている大いなる存在、天が願い、めざした地上世界の計画というものがあると私は信じています。それは、地上の世界に託《たく》された、すべての生命のためのヴィジョンであり、青写真（設計図）です。

人と天が約束した「人間の一生」とは、どのようなものなのでしょうか。

ここで、地上に降《お》り立った私たちが歩む道行きを魂のまなざしで辿《たど》り、眺《なが》めてみたいと思います。

＊

私たちは永遠の生命、魂の存在——。

過去世《かこせ》から現世《げんせ》、そして来世《らいせ》へと

深化成長の歩みを続けている。

魂は、なぜこの地上世界に生まれてくるのだろうか——。

それは、カルマを修正し、魂願《こんがん》を果《は》たすため。
魂のもともとの願いと
過去世の歪《ひず》みがもたらしたカルマが
魂輪廻《りんね》の原動力を生み出している。

しかし、私たちはみな、その魂願とカルマを忘却《ぼうきゃく》し
心の奥深くに潜在《せんざい》させて、この世界に生まれてこなければならない。
すべてを忘却するのは、人生を一から始めるためである。
過去世においてどれほど深い後悔や罪の意識に苛《さいな》まれる体験があろうと
それをリセットし、また新たに人生を生き直すチャンスが与えられる。
過去世においてどれほど大きな成功と誉《ほま》れに恵まれようと
それに執着《しゅうちゃく》することも傲《おご》ることもなく、一から新たな挑戦に向かうのである。

魂が生まれてくるこの世界は、決して楽園ではない。

忍土《にんど》——堪《た》え忍《しの》ばなければならない場所であり
災《わざわ》い、試練には事欠《ことか》かない世界である。
必定《ひつじょう》、人生を生きることは、大きなリスクをはらんだ挑戦となる。
しかし、いかなる試練に出会おうとも、私たちは
地上に生きることを願って生まれてきた魂であることを忘れてはならない。
人生とは、まさに「魂の冒険」なのである——。

一から人生を始める私たちは
「そこにあるもの」を無条件で引き受けてゆく。
両親・先祖からの肉体的遺伝や精神的な影響（血《ち》）を避《さ》ける術《すべ》はなく
両親の言葉や生き方が、自《みずか》らの言葉となり、生き方となる。
生まれた土地の風土や地域の慣習の影響（地《ち》）、
時代の価値観や知識の影響（知《ち》）も
そのまま呑《の》み込《こ》んで、「私」が形づくられてゆく。

私たちは、これらの人生の条件を、意識して引き受けるのではない。
無自覚に身につけた生き方や価値観が当然になり
外から流れ込んだ「幾百幾千《いくひゃくいくせん》の他人」を「私」と錯覚《さっかく》し
「我《われ》ならざる我」をつくり出すのである。

そして、一人ひとりに流れ込む三つの「ち」(血・地・知)は、
心の奥深くに潜《ひそ》む魂願よりもカルマの傾向をより強く引き出してしまう。
それゆえ、心は煩悩《ぼんのう》に支配され、
周囲に様々な暗転の現実を次々に生み出さざるを得ない。

この現実こそ、
願いを抱いた魂であることを忘れ、我ならざる我を本当の自分と錯覚《さっかく》し、
血・地・知によって埋め込まれた「宿命の洞窟《どうくつ》」に囚《とら》われた私たち人間の姿——。

しかし、人と天の間には、もう一つの約束された道がある。
人生の条件に縛《しば》られた「宿命」の状態から、
「使命」を生きる本当の人生への歩みを始めることができる。
自分を突《つ》き動かしている心の闇、宿命の実態を見破《やぶ》り、浄化し、
光のエネルギーを生み出す歩みへと向かう。
人との出会いに学び、訪《おとず》れる出来事に呼びかけを聴き、
様々な経験ににじみ出てくる魂願を尋《たず》ねる。
その光のエネルギーを心に湛《たた》え、「痛み」を「歓《よろこ》び」へ、
「混乱」を「調和」へ、「停滞《ていたい》」を「活性」した状態へ、
そして「破壊《はかい》」から「創造」へと転換する歩みが待っている。
その歩みは、闇の根源であるカルマの修正を促《うなが》し、
魂願として刻《きざ》まれた「人生の仕事」へあなたを導いてやまない。
生きることは、自らの深化成長を果たすと同時に、
世界の調和に貢献《こうけん》してゆく限りない深みへの旅なのである。

やがて、人生を終えるときが近づいてくる。
私たちは、その人生で体験した一切《いっさい》を心に抱いてあの世へ帰還《きかん》し、
そこで次なる人生――来世に向けた準備に入ってゆく。

人生で体験した出会いと出来事の数々――。
親しい人たちとのかけがえのない絆《きずな》の実感。
目的を同じくする仲間とゴールに向かって熱く突《つ》き進んだときの歓び。
家族との忘れることのできない語らいの思い出。
夢《ゆめ》が叶《かな》ったときの充実。
また、十分な愛情を得られず、孤独と不安の日々を送った幼《おさな》い頃の心細さ。
両親の不仲《ふなか》に怯《おび》え、傷ついた痛み。
夢を抱きながらも果たせずに挫折《ざせつ》を繰《く》り返した日々。
愛する人と別れざるを得なかった悲しみ。
信頼していた人に裏切られた口惜《くちお》しさ。

愛する人を守れなかった無念の想い……等々。
それらのすべての経験が、魂に刻印《こくいん》される。
それればかりではない。
過去、様々な時代や国に生まれ、見知らぬ場所や人間関係の中で味わった、
出会いと出来事の数々もまた、鮮烈《せんれつ》な記憶として魂には刻まれている。

人生の中で、味わい、紡《つむ》いできた様々な陰影《いんえい》に満ちたあらゆる経験――。
それらは、どれほど日常に埋没《まいぼつ》していようと
またどれほど運命に翻弄《ほんろう》されているように見えようと
大いなるまなざしに見守られ、
張り巡《めぐ》らされた見えない絆に導かれながらの歩みにほかならない。
魂の存在である私たちにとって、地上で体験するすべては
愛《いとお》しく切なく、惹《ひ》かれてやまない、かけがえのない時と場なのである。

魂はそれらを経験するために、何度も地上に降《お》り立ち
そこから新たな歩みを始めるのである。
数えきれない経験のエネルギー、無数に刻まれた人間の光と闇、喜びと悲しみ。
それらによって
私たちは、人間に対する限りない優《やさ》しさと包容力を育んでゆく。
あらゆる時代と国で
千変万化《せんぺんばんか》の条件を背負って生きる人々への愛と共感力を育んでゆく。
それこそが、魂の豊かさであり、魂深化の糧《かて》となってゆくのである。

*

魂の果てしない旅路に記《しる》される地上の人生の歩み、約束されたその道行きとは、このようなものです。
魂にとって、それぞれの人生は、その魂の成長のためにもっとも必要でふさわしい、必然のある形で与えられます。まさに人生とは、魂にとって大いなる冒険と挑戦の機会であり、かけがえのない恩寵《おんちょう》の時にほかならないのです。

無自覚な人生から智慧《ちえ》深き人生への変容。宿命から使命への歩み。カルマに束縛《そくばく》された不自由さから、魂願を生きる本当の自由への飛翔《ひしょう》――。

それは、何世紀も何千年も変わることなく、そこにそのようにあり続けた宇宙《ユニバース》が待っている人間の姿です。その歩みは、限りない時、大いなる存在、宇宙《ユニバース》との交感によって紡《つむ》がれてゆくものです。

それを一言《ひとこと》で表すなら、アクロス・ザ・ユニバース――。

永遠の時、遙かな願いを抱いて、限りない宇宙《ユニバース》を横切って進んでゆく歩みではないかと思うのです。

地上に降り立った魂である私たちと、私たちを送り出した大いなる存在、天上の世界との間には、決して壊《こわ》れることのない絆が結ばれています。私たちは、果てしなく営《いとな》まれるその信と応《こた》えの歩みによって、宇宙《ユニバース》の青写真の実現へと向かって今も歩みを進めている存在です。

この章の終わりに、私がお会いしたお一人の魂の歩みをお伝えさせていただきましょう。私たちが、どれほどの強い願いと後悔を抱きながら転生《てんしょう》を繰り返し、今の人生を生きているのか、その軌跡《きせき》を尋《たず》ねてゆきたいと思います。

なぜこれほど過酷《かこく》な人生の条件だったのか

その方は、長年にわたって郵便局の局長として活躍され、昨年一月に他界《たかい》された、川原清司郎《かわはらせいじろう》さん（七十代、仮名）です。

川原さんは、その人生の最期《さいご》、「魂の学《がく》」をともに学ぶご家族のみなさんに囲《かこ》まれる中、「俺《おれ》は自分の人生に心から感謝している。みんなで俺の人生に乾杯《かんぱい》してほしい」と満面《まんめん》の笑《え》みを湛《たた》えながら語り、みなと乾杯を交《か》わして、やがて安らかにこの世を去ってゆかれました。

しかし、川原さんが辿《たど》った人生は、その慈愛に満ちた安らかな笑顔からは想像ができないほど厳《きび》しく、過酷なものでした。

川原さんは、昭和初期、東北地方の村に生まれました。祖父は村長として村人たちからの信頼と尊敬も厚く、父親は特定郵便局の局長を務めるという、まさに地域の名士の家柄でした。

しかし、戦後の農地解放のため、家は田畑を没収《ぼっしゅう》され、その後、郵便局に吹き荒れた点検闘争（団体交渉が行われる労働闘争）に巻き込《こ》まれ、局長であった父親は、その交渉の矢面《やおもて》に立たされることになります。闘争は激烈を極め、毎日つるし上げのようにして過去を詰問《きつもん》され、ついに追放されるという事態にまで追い詰《つ》められることになったのです。

厳しい仕打ちは、家族にも及《およ》びました。少し前までは家族同然に親しくしていた局員の人たちも、口すらきいてくれなくなり、村人たちからはまるで村八分《むらはちぶ》のような扱いを受けるようになったのです。

父親の政司《まさじ》さん（仮名）が耐《た》えがたい悲しみと怒《いか》りを覚《おぼ》えたのは、若い頃から生活の面倒も見て、わが子のように可愛《かわい》がってきた局員までもが闘争に加わり、牙《きば》を剥《む》くようにして自分に食ってかかってきたことでした。

厳しい点検闘争の中でも、持病《じびょう》の狭心症《きょうしんしょう》を抱《かか》えながら、歯を食いしばって耐《た》えてきた政司さんでしたが、とうとう、最後の力が抜《ぬ》けたようになり、自《みずか》らの命を絶《た》ってしまったのです。裏の小屋の二階で首を吊《つ》っている父親を発見したのは、まだ少年だった川原さんでした。人一倍正義感が強かった川原さんは、変わり果《は》てた父親の亡骸《なきがら》を降《お》ろしながら、「誰《だれ》が親父《おやじ》を殺したんだ。必ずこの敵《かたき》は討《う》つ。こんな不法なことが許されていいはずはない。まじめにコツコツ働いてきた親父が、どうしてこんな目に遭《あ》わなければならないのか。追い詰めた人間を必ず自分の手で討ってやる」と固く心に誓《ちか》ったのです。

魂が告《つ》げた前世《ぜんせ》の後悔と疑問

ここまでも、三つの「ち」（血・地・知）とお話ししてきたように、私たちは、誰《だれ》もが両親や生まれた土地、時代の影響を強く受け、自分の心をつくってゆきます。歪《ひず》んでいても、理不尽《りふじん》でも、そこにある現実をそのまますべて受け入れることを余儀《よぎ》なくされるのが人生の条件です。

川原さんの心もまた、土地の名士であった親（家系）や戦後という時代の影響を大きく受けてつくられてゆきました。人生を揺《ゆ》るがすような事件が起こり、決して忘れることのできない憎《にく》しみや恨《うら》みを刻《きざ》まざるを得なかったのも、その人生の条件ゆえのことでした。

ではなぜ、川原さんは、そのような過酷《かこく》な人生の始まりを背負うことになったのでしょうか。目に見える人生の中だけでは、その疑問は解《と》けません。人生の始めに私たちの心に流れ込《こ》み、背負うことになるもう一つの流れに遡《さかのぼ》ってゆく必要があります。心のもっと奥深く——前世から引き継《つ》いだ魂が抱《いだ》くテーマ、痛切な後悔と願いと切り離すことはできないのです。

ある集いで、川原さんとお会いしたときのことです。

川原さんと重なるように、一人の武士の姿が見えました。川原さんの魂は、前世、江戸時代に東北のある藩《はん》の藩士であったことを告げてきたのです。

当時、藩の財政は厳《きび》しく、凶作《きょうさく》が続き、領民《りょうみん》は飢《う》えて、間引《まび》きが行われ、餓死《がし》者も出るほどに逼迫《ひっぱく》した状況でした。そこで藩は財政を立て直すため、領民が採掘《さいくつ》している銀山に着目し、新しい紙幣を発行して銀と交換できるシステムを導入しようとしました。その策を実現しようとした推進派のリーダーの息子が、前世の川原さんだったのです。

反対派の抵抗を押し切り、当初その計画はうまくゆくかに思われました。しかし、翌年、藩は大凶作《だいきょうさく》に見舞《みま》われ、紙幣の価値は一挙に下落、計画は水泡《すいほう》に帰《き》したのです。

その事態を引き起こした者の責任が厳しく問われました。結果は、推進派全員の死罪――。前世の川原さんは、その後一生、死罪の汚名《おめい》を着た父親の息子として周囲の白眼視《はくがんし》に耐《た》えながら生きなければなりませんでした。

「父は必死で藩を救おうと考え、苦労して道をつけようとしたにもかかわらず、なぜ……」

屈辱《くつじょく》と苦悩の中で、前世の川原さんは人生を終えることになったのです。

そうした想いとともに、川原さんの前世である武士の心には、強い後悔がありました。それは、「自分の人生はこれでよかったのか?」という想いです。

推進派も反対派も、みなが幸せになりたくて道をつけようとしたにもかかわらず、意見が対立し亀裂《きれつ》を深めた挙《あ》げ句の果《は》てに、互《たが》いを滅《ほろ》ぼし合うようなことになってしまった。前世の川原さんは、人と人の争いをずっと見続ける中、「なぜ人は争うのか。幸せになりたいにもかかわらず、なぜ不幸になるのか。この闘争の轍《わだち》から、私はいったいどのように脱《ぬ》け出たらいいのか……」という疑問を強く心に刻みました。

その後悔と疑問を抱いて、川原さんは今世《こんせ》、生まれてくることになりました。それは魂が抱いた志半《こころざしなか》ばのテーマであり、そのテーマが今世の川原さんの心にも流れ込んでいたのです。

「魂の学《がく》」との出会いがもたらした新しい心境

大人になった川原さんは、父親が局長をしていた郵便局で働くことになります。それは大変な決心が必要でした。針《はり》のむしろに座《すわ》っているようなつらい毎日でした。心の中から突《つ》き上げてくる恨《うら》みやつらみを我慢《がまん》し、耐《た》えました。「俺《おれ》は正しい。必ず敵《かたき》を討《う》ってやる。今は我慢だ。ただ忍耐《にんたい》あるのみ……」と、十六年にわたって仕事を続けたのです。

しかし、その日々と並行するように、いつしか川原さんの身体《からだ》は病に蝕《むしば》まれてゆきました。胃潰瘍《いかいよう》から始まり、様々な病気を経験して、五回に及《およ》ぶ大きな手術を繰《く》り返しました。そして、ようやく局長になる試験に合格して、まさにこれからという矢先、大腸癌《がん》に冒《おか》されていることがわかり、休職を余儀《よぎ》なくされたのです。

その川原さんが四十一歳のとき、「魂の学」に出会うことになります。「なぜ自分はこれほど病気を繰り返すのか」と疑問に思っていたことから、講演会に足を運んだのです。

川原さんはその講演の中で、「人を呪《のろ》わば穴二つ」という言葉を聞いてハッとし、両手の拳《こぶし》を思わず強く握《にぎ》り締《し》めたそうです。

魂が衝撃を受けました。人を恨めば、相手を傷つけるだけでなく、恨んだ自分自身もその恨みによって滅《ほろ》ぼされる――。川原さんは、自分の状況はまさにその通りだとはっきり気づいたのです。

そのときから、川原さんの「魂の学」の実践が始まりました。

まず、自分の心にあるこだわりやとらわれ、恨みや憎《にく》しみの感情を見取ってゆきました。その闇の想念こそが病をつくり出していたことを感じ取った川原さんは、丹念《たんねん》にそれを浄化してゆきました。

その歩みとともに、川原さんは変わってゆきました。そして、父を追い詰《つ》めた人たちと関わりを結び直そうと心に決め、あの郵便局に局長として戻《もど》っていったのです。その後、川原さんは、一人ひとりと深く出会ってその人生に同伴し、絆《きずな》を結び直してゆきます。後日、東京の郵便局に転勤してからも、かつて家族のようにつき合いながらも争うことで父親の死のきっかけになった方の相談に乗り、仕事の面倒を親身《しんみ》になってみてさしあげたのです。

川原さんは、東京の郵便局でも、局員のみなさんと和気藹々《わきあいあい》と毎日明るく楽しく、充実した日々を過ごすことができるようになりました。さらに、東京都の特定郵便局の労働組合との交渉窓口としての重責《じゅうせき》も担《にな》い、調和的な労使関係を追求して、見事に勤《つと》め上げることになりました。それは長い年月を通して、一つ一つつくりあげていった現実です。

忘れてはならないことは、川原さんは、この歩みをずっと重い病とつき合いながら続けてきたことです。私たちの心は、日々の出来事に揺《ゆ》れ動き、何かあれば乱れてしまいます。川原さんは、常《つね》に痛みと不安を抱《かか》えながらも、穏《おだ》やかで優しい想いを周囲に注《そそ》ぎ続けたのです。

そのような川原さんの心は、前世《ぜんせ》とは対極《たいきょく》にある心と言えるでしょう。前世の後悔が果《は》たされた――。まさに、争いではなくみなが幸せに至《いた》る道を願い求めるという、川原さんの魂が抱《いだ》く志半《こころざしなか》ばのテーマを成就《じょうじゅ》した今世《こんせ》の人生であったと思います。

その川原さんが、人生の最期《さいご》の瞬間まで、ベッドの上でも育み続けた心――菩提心《ぼだいしん》があります。それは、「海の心」の菩提心です。どんな異質なものをも受け容《い》れて一つに結び、融和《ゆうわ》して調和への道をつけてゆく心――。それは、川原さんが前世、持つことのできなかった力であり、超えられなかったテーマでした。

違いを包容して一つに結ぶ智慧《ちえ》と力を育み、そのテーマを果たした川原さん――。「俺の人生に乾杯《かんぱい》してくれ」と語られた安らかな笑顔は、これからも家族や友人のみなさんを勇気づけ、励《はげ》まし続けることでしょう。

第7章

実践
——「チャージ・チェンジ・チャレンジ」から始めよう

「宇宙体験をすると、以前と同じ人間ではあり得ない」
——アポロ九号宇宙飛行士 ラッセル・シュワイカート

あなたの中に生まれた新しい人。
新しい人には、新しい想いと行いこそがふさわしい。

チャージ（Charge）——
求め続けよう。
私たちが決して
天の意図《いと》から外《はず》れた偽《いつわ》りの考えを持たないように。

チェンジ（Change）――
変わり続けよう。
知らず知らず頭をもたげてくる
「古き自分」のささやきに惑《まど》わされないように。

チャレンジ（Challenge）――
挑《いど》み続けよう。
あなたの中に生まれた「新しい人」が
いつも元気で輝《かがや》いていられるように。

そのとき、あなたは宇宙《ユニバース》とともにある。
そのとき、宇宙《ユニバース》はあなたとともにある。

すべての始まりの音とともに

私たちは、宇宙創世《そうせい》から約百三十億年後の世界に生きています。想像を絶《ぜっ》するような時の流れの果《は》てに生きているわけですが、実は今も、その始まりのビッグバンの音は、私たちの許《もと》に響きわたっていると言われています。

宇宙の電磁波《でんじは》を調査する探査機《たんさき》によって、ビッグバン直後の原始大気には圧力のムラがあることがわかり、研究者の一人がその変化を音響として再現してみせたのです。

果《は》てしない時を使って、宇宙は生命の進化を生み出し、人間は文明の伽藍《がらん》を築《きず》いてきました。地球上に生命が現れたのは、今から約四十億年前――。四大文明で現存する最古の痕跡《こんせき》を残しているものは、今から約六千年前に発生したメソポタミア文明。それから、エジプト、インダス、黄河《こうが》文明と続き、さらにギリシャ・ローマ文明が興《おこ》ってゆきます。その流れの最下流に、現在の私たちがあるわけです。

それら宇宙の生成《せいせい》と生命の誕生、進化の歴史、そして人間の登場と文明発展の道のりのすべての流れを引き受けながら、私たちはいつも一切《いっさい》の始まりの音とともに歩んでいるのです。何と示唆《しさ》的なことでしょうか。

私たちは、いつでも宇宙の源《みなもと》と一つになって歩んでいる――。過去は単に過去ではなく、現在、未来と直《じか》につながっています。私たちの過去・現在・未来は、別々のものではなく、互《たが》いに響き合っているのです。

過去・現在・未来を一つに結ぶ「呼びかけ」

その私たちと宇宙の源《みなもと》をつなぎ、過去・現在・未来を一つに結びつけるもの――。それを、私は「呼びかけ」と呼んできました。

一般に「呼びかけ」と言えば、声を大にして誰《だれ》かに向かって叫《さけ》んだり、広く公《おおやけ》に何かをはたらきかけるために声明《せいめい》を出したりすることを指すでしょう。

しかし、ここで言う「呼びかけ」はそういうものではありません。それは、私たちの内心に響く声であり、人生に対する無言の公案《こうあん》と言ってもよいものです。

私たちは、出会いや出来事、事態を前にして、「この現実は、私に何を呼びかけているのだろうか」と耳を傾《かたむ》け、沈黙のメッセージを受けとめようとするのです。

一つの失敗が、新たな道を呼びかけることがあります。難《むずか》しくなった人間関係が、気づいていない自分の心の歪《ひず》みを呼びかけることもあります。偶然にしか思えなかった出会いが、天職を呼びかけることもあります。

私たちに深い印象を残す出会いと出来事、多くの人に圧迫や解放をもたらす様々な状況……。それらは、必ず何かを呼びかけています。

立ち止まりなさい。引き受けなさい。手放しなさい。挑戦しなさい。超えなさい。助けなさい。一歩を踏《ふ》み出しなさい。振り返りなさい。もう一度やり直しなさい。新しい段階がきていますよ。時代が変わりましたよ。大切なものが見えていませんよ……等々。

そして、本書で考える「呼びかけ」の基本というべきものが、チャージ（Charge）・チェンジ（Change）・チャレンジ（Challenge）です。

チャージとは、充電すること。「あなたの本当の願いにつながりなさい」ということです。

チェンジとは、変わること。「新しい心に転換しなさい」ということです。

チャレンジとは、挑戦すること。「変わったあなたが、新しい現実を生み出す挑戦をしなさい」ということです。

「呼びかけ」は過去から、そして未来からやってきます。

「あの出会いがなければ今（の私）はなかった」と思えるような決定的な出会いの体験、忘れることのできない失敗や痛恨《つうこん》の出来事は、人生や歴史にとって、決して消えることのない痕跡《こんせき》を残し、その影響を与え続けてゆくことになるでしょう。多くの場合、そこから「呼びかけ」が届《とど》いています。

また、未来は、来たるべき時代のために、私たちに「呼びかけ」を送ってくることがあります。未来に起こる変化のために、「もう準備を始めるときですよ」「あなたも新たな段階に入りなさい」というように――。

一つの判断が未来を大きく変えたり、新たな未来をつくり出したりすることがあります。後からそのときに遡《さかのぼ》って、事態を静かに見つめてみれば、そこに未来からの「呼びかけ」が届いていたことが見えてくるはずです。

サイレント・コーリングの世界——魂の冒険者たちが受けとめる呼びかけ

私たちが立ち止まらざるを得ないような歴史の分岐点《ぶんきてん》、人生の岐路《きろ》には必ず呼びかけが届《とど》いています。「呼びかけ」とは、宇宙《ユニバース》が、そして大いなる存在・神が、私たちの人生と世界を深化させるために目の前の現実を通じて語りかけ、投げかけてくる無言のメッセージなのです。

そんな「呼びかけ」の定義は、辞書にもインターネットの検索にもほとんど出てこないでしょう。なぜなら、そのような意味で「呼びかけ」を受けとめて生きることは、今までにない新しい感覚だからです。

その新しい感覚、「呼びかけ」を受けとめ、それに応《こた》える生き方を訴《うった》えるために、私は、今から十九年前に、『サイレント・コーリング』(三宝出版)を出版させていただきました。私たちの世界、私たちの人生には、それとは気がつかなくても沈黙の呼びかけ＝サイレント・コーリングが届いていることを多くの人にお知らせしたかったのです。

一切《いっさい》を記憶し、一切を知り、一切を見はるかす宇宙の叡智《えいち》の次元から届けられる

「呼びかけ」――。それは、かつては傑出《けっしゅつ》した覚者《かくしゃ》だけが受けとめてきたものでした。厳《きび》しい自然の中で修行を極《きわ》め、山谷を駆《か》け巡《めぐ》って天地とつながり、孤独の中で祈りを研《と》ぎ澄《す》ませて世界と一体になった特別な精神の冒険者たち。しかし、今はそうではない。平凡な一人ひとりこそが、そのサイレント・コーリングに応える時代なのだ、と訴えさせていただいたのです。

今、その確信はますます深まっています。大いなる存在、宇宙《ユニバース》からの「呼びかけ」をキャッチすることができた人が、本当に世界に応え、人生に応えることができる。そして、呼びかけに応えることで、私たちは、人生、世界、大いなる存在に新たな響きを返してゆくと言えるでしょう。宇宙《ユニバース》と響き合って生きることができるのです。

呼びかけは、私たちはどんなときも孤独ではないことを教えてくれるものです。たとえ自分に味方してくれる人が誰《だれ》もいなくても、世界と大いなる存在から見守られていることを示してくれるものなのです。

大いなる存在・神がつくられた三層構造

この「呼びかけ」の秘密を解《と》き明かしてくれるまなざし——。それは、私が「魂の因果律《いんがりつ》」と呼んでいるものです（次頁の図を参照）。

因果律とは、「原因と結果の法則」という意味です。「魂の因果律」とは、私たちの「魂」と「心」と「現実」の間にはたらく原因と結果の法則であり、これらは密接、精妙《せいみょう》につながり、互《たが》いに影響を与え合って一体となって動いているのです。

私たちの世界は、「現実」の次元、「心」の次元、「魂」の次元という三層によって成り立っているものです。それは、私が勝手に当てはめているのではなく、大いなる存在・神がつくられた三層構造です。

「現実」の次元とは、目に見える形で、人々の行動や物質がつくり上げる次元、目に見える形で結果が現れる次元です。

「魂」の次元とは、私たちの深奥《しんおう》にある光と闇のエネルギーが渦巻《うずま》く次元であり、呼びかけが交錯《こうさく》し、宇宙の絆《きずな》が張り巡《めぐ》らされ、無数の青写真が湛《たた》えられている次元です。この次元があるから、呼びかけが私たちの許《もと》に届《とど》けられるのです。

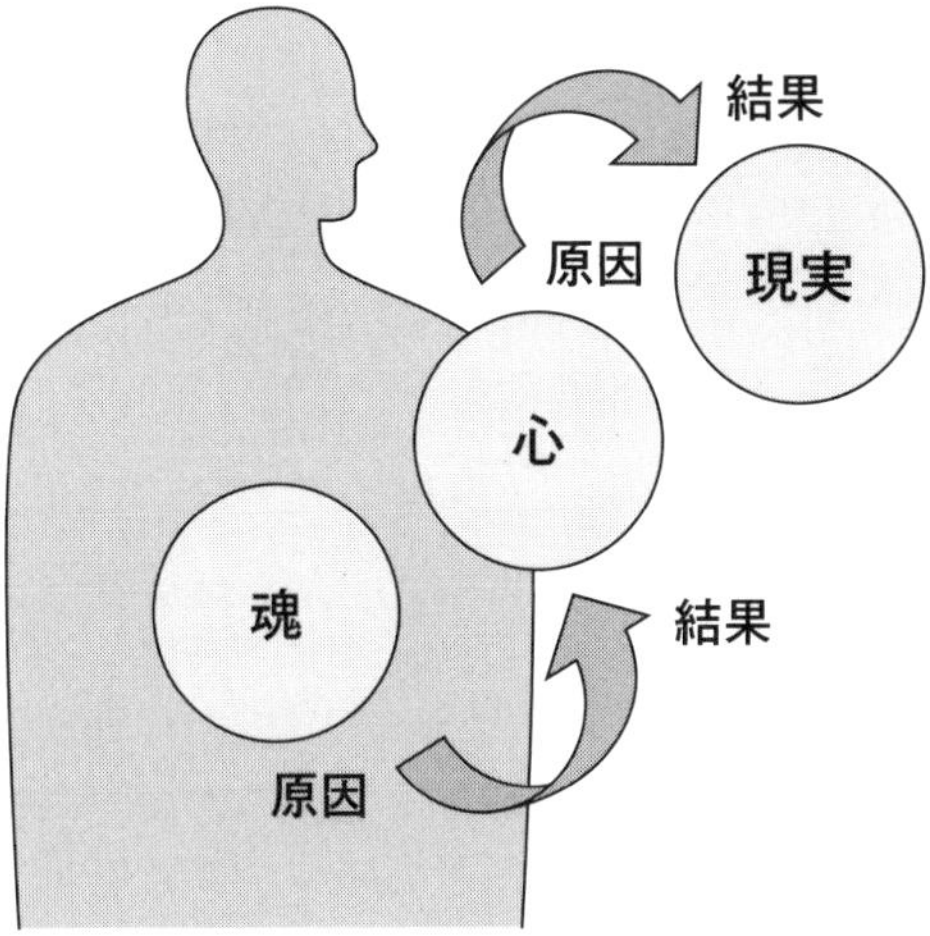

図　「魂の因果律」は、「魂」と「心」と「現実」の間にはたらく原因と結果の法則

そして「心」の次元とは、この「現実」と「魂」という二つの次元を結ぶ人間の意識、想いの次元です。おびただしい想いと考えが生成消滅《せいせいしょうめつ》し、行き交《か》いながら、「魂」と「現実」の間の橋渡しをしているのです。

事態を前にして、呼びかけを聴こうとするとき、私たちは、魂の次元から心に響いてくる呼びかけを聴こうと耳を傾《かたむ》けるということです。

「魂の因果律《いんがりつ》」とは

「魂の因果律」は、この「魂」と「心」と「現実」が、私たちの中で実際にどのように関係し合っているのかを教える法則です。
私たちの目の前にある「現実」は、「心」という原因が生み出した結果です。思い描《えが》く計画や構想が考えることが「行動」という「現実」を生み出したり、人間が思い描く計画や構想が「現実」を変えていったりします。そして、その「心」は、さらに深奥《しんおう》にある「魂」という原因が生み出した結果であると考えるのが「魂の因果律」です。

魂の中にある魂願《こんがん》とカルマのエネルギーが現れたり、魂の次元にあった青写真や呼びかけが心に新たな発想を導いたりするわけです。これらは基本的な「魂⇓心⇓現実」の関係と言えるでしょう。

逆に、目の前の「現実」が「心」に影響を与えることもあります。悲惨《ひさん》な「現実」を見れば、「心」が痛む。「現実」が「心」という結果を生み出す原因になるのです。

それは「魂」と「心」の間も同じです。「心」が「魂」に力を及《およ》ぼすことがあります。憎《にく》しみや恨《うら》みなどの強いこだわりやとらわれを抱《いだ》いていると、それが「魂」の歪《ひず》みを大きくすることも考えなければなりません。これらが「魂⇑心⇑現実」の関係と言えます。

以上を総合して、「魂⇕心⇕現実」というように、相互に原因と結果になり合って影響を与えていることを示したのが、この「魂の因果律《いんがりつ》」という法則です。

私たちはこのような「魂⇕心⇕現実」の関係の中で、魂の次元から響いてくる「呼びかけ」を受けとめ、それに応《こた》えることによって、進むべき道に導かれ、果《は》たすべき目標を実現してゆくのです。

身近な問題から地球規模の問題まで

「魂の因果律《いんがりつ》」の見方によって、私たちは、人生の問題にも世界の問題にも、適切に立ち向かうことができるようになります。

多くの人生に生じるいくつかの問題を取り上げてみましょう。

最初は個人的な問題です。たとえば受験を前にする高校生にとって、将来の進路は大きなテーマです。あなたは、受験勉強が進まず、模試《もし》の結果が思わしくなくて、志望大学をどうするかで悩んでいるとしましょう。

私たちが直面するいかなる事態でも、そこには常《つね》に「魂⇕心⇕現実」の関係、「魂の因果律」がはたらいています。思わしくない模試の結果が続いてしまっている。その現実に対して、「もうダメだ。無理だ」とあきらめたり、「まだ何とかなる」と脳天《のうてん》気《き》だったりするならばどうでしょう。ますます「現実」には思わしくない結果が現れてしまうはずです。

「もうダメだ」「まだ何とかなる」と思ってしまうのは、あなたが人生の中でその思い方をつくってきたからに違いありません。「心」には、そうした人生の歩みが響いてきます。あるいは、心の奥にある魂の響きと言ってもよいかもしれません。

この問題を解決してゆくには、まず、人生の中でつくってきた思い方を解《と》きほぐし、転換してゆくことが求められます。そして、大学受験を通じてあなたの魂が本当に願っていることがある。そのことを受けとめることができるなら、勉強の努力もまったく違ったものになってくるはずです。

では次に、あなたが家族の問題を抱《かか》えている場合を考えてみましょう。

あなたは、親の立場です。子どもとなかなか交流ができず疎遠《そえん》になりがちで、話をしようとしても、とげとげしい関係で心を開いた話にならない状態……。

さあ、どう捉《とら》えたらよいのでしょうか。「疎遠な関係」や「心を開かない会話」という現実に対して、私たちがもし「どうせ何をしてもムダだろう」「子どもになめられてたまるか」といった想いを抱《いだ》いていたらどうでしょう。関係が難《むずか》しくなってしまうのは当然かもしれません。

でも、こうした問題は、「そんな想いを持たないようにする」ことでは解決しないのです。なぜなら、それは、心の土台をつくる人生の成り立ちゆえに、そして心の奥にある魂の傾《かたむ》きゆえに生じていることが少なくないからです。

自分はなぜそう感じてしまうのか、人生の成り立ちを含《ふく》めて見つめてみることが大切です。その自分を受けとめたうえで、もう一度新たな気持ちで事態に向かい合いながら、心の奥にある本心や願いを確かめてみることです。

そのとき、あきらめたり、すごんだりしている自分の心の奥に、子どもたちに対する温《あたた》かい気持ちがあることを見出《みいだ》すことができたら――。

「ああ、本当は愛したかったんだ」。そのような深層の気づきが生まれたなら、想いは自然に大きく変わり、そこから生まれる事態もまったく変わってしまうでしょう。

さらにもう少し、社会的な問題を考えてみたいと思います。

あなたが生活している地域社会でゴミの不法投棄《ふほうとうき》が起こっているとします。その問題は、人々の「心」にある「一人くらい捨ててもたいしたことはない」「人に見られなければいい」という想いから生まれていると言えます。

さらに、地域の市町村では、そのことが長い間、問題になっていながら、住民の中に「どうしようもない」「市町村がきちんとした対策を取らないからダメなんだ」という想いがあったらどうでしょう。他人《ひと》のせいにしたり、どうしようもないという言い訳に終始したりしていれば、問題は解決することなく悪くなるばかりでしょう。人生の中で培《つちか》ってきてしまった根強い他を責める思い方、あるいは、他を切り離す「無関心」「不信」という魂の傾《かたむ》きが大きく影響を与えているのかもしれません。

この問題を本当に解決しようと願うなら、自分が住む市町村を自分たちの責任で大切にしてゆこうとする想いを一人でも多くの人が持つ必要があります。

そして、この事態に対する自分の心の傾きを深く振り返ってゆく中で、もし、自分たちが住む土地を心の底から大切に愛する気持ちを確かめることができたらどうでしょう。きっと「どうしようもない」「町がダメなんだ」という想いを転換して、事態を動かすきっかけをつかむことができるはずです。そして、魂の次元を通じて、この問題の解決のための智慧《ちえ》や青写真を引き出すことができるなら、解決に向けて大きく前進してゆくのではないでしょうか。

チャージ・チェンジ・チャレンジ

「魂の因果律《いんがりつ》」に基《もと》づいて生きるには、日々、「魂⇕心⇕現実」のつながりを常《つね》に心に置きながら事態と向かい合ってゆくことが必要です。現実を前にしながら、心と対話し、さらに心の奥にある魂の次元に耳を傾《かたむ》けてゆく――。

その生き方を具体的にする手がかりがあります。共通の手順、法則があれば、誰《だれ》もがそれを実践することができるでしょう。

その一つが、先にも触《ふ》れたチャージ（Charge）・チェンジ（Change）・チャレンジ（Challenge）という「三つのC」と呼ぶ生き方です。

拙著《せっちょ》『*Calling*《コーリング》　試練は呼びかける』（三宝出版）では、私たちが困難や試練を前にしたとき、そこには、チャージ・チェンジ・チャレンジを求める呼びかけが届《とど》いていると書かせていただきました。

このチャージ・チェンジ・チャレンジの生き方が有効なのは、試練のときばかりではありません。私たちが向かおうとするあらゆるテーマの解決と創造になくてはならない導きを与えてくれる生き方なのです。

私たちが解決すべき厳《きび》しい現実に直面したときも、また様々な創造を果《は》たそうとするときも、魂の次元につながり、自《みずか》らの本当の願い（魂願《こんがん》）をつかみ、宇宙《ユニバース》の叡智《えいち》、そこに湛《たた》えられた一切《いっさい》の青写真にアクセスできるならば、それは何よりも大きな力を与えてくれるでしょう。それがチャージの歩みです。チャージを果たすには、その広大な領域である魂に向かい合う時間が必要です。心を静めて、もう一人の自分に向かって語りかけるように、心の深奥《しんおう》と対話することを心がけるのです。

チェンジとは、変わることです。そのテーマの解決と創造を阻《はば》んでいる私たちの心の次元の問題、障害となる想いを転換することです。多くの場合、それを阻んでいるのは四つの煩悩《ぼんのう》の傾向を帯《お》びる想いです。事態を解決、創造することを何よりも願うからこそ、そうした想いを的確に捉《とら》え、「私が変わります」という姿勢で新しい心へと変革するのです。

その新しい心の代表は、12の菩提心です。「月の心」「火の心」「空《そら》の心」「山の心」「稲穂《いなほ》の心」「泉の心」「川の心」「大地の心」「観音《かんのん》の心」「風の心」「海の心」「太陽の心」のいずれかが、事態を転換する原動力になってくれるでしょう。

チャレンジとは、挑戦です。心を転換した私たちが、今まで試《ため》したことのない生き方に踏《ふ》み出すことです。そのとき、自分に協力してくれる人たちとの新たな関係も欠かせません。つまり、チャレンジとは、煩悩の想いを転換し、可能性にあふれた新しい心で、新しい人間関係をつくり、新しい現実をつくってゆくことにほかならないのです。

チャージ・チェンジ・チャレンジを生きた人々

時代の大きな転換点を導いた人々には、必ずと言ってよいほど、チャージ・チェンジ・チャレンジの歩みがあります。

鎌倉時代に元寇《げんこう》という国家的な危機を乗り越えた執権《しっけん》・北条時宗《ほうじょうときむね》（一二五一〜八四）は、その危機にあって、まず禅の師の許《もと》に赴《おもむ》き、「莫妄想《まくもうぞう》」（妄想《もうそう》するなかれ）という導きを得て自《みずか》らの心の平静を取り戻《もど》し（チャージ）、改めて「自らこそが国の重心となる」という一念を定め（チェンジ）、元《げん》の軍が襲来《しゅうらい》するまで石塁《せきるい》を築《きず》くなど新しい条件をできる限り整《とと》え、人事《じんじ》を尽《つ》くしたうえで、国の安寧《あんねい》を祈り続けて対峙《たいじ》した（チャレンジ）のです。

江戸時代末期の攘夷《じょうい》をめざしたエネルギーが倒幕《とうばく》の目標に変わり、やがて文明開化という近代化に突《つ》き進むことになる明治維新《いしん》——。その中で、その後のわが国の歩みを展望した人物の一人が坂本龍馬《さかもとりょうま》（一八三五〜六七）でした。龍馬が抱《いだ》いた、国力を強めて戦争をせずに攘夷を果《は》たすというヴィジョンは、攘夷派として土佐藩を脱藩《だっぱん》した龍馬が、勝海舟《かつかいしゅう》の許《もと》で、世界という認識に目覚《めざ》め（チャージ）、自らの立場を転換（チェンジ）しなければ生まれなかったものでしょう。

そして、その国力増強への試《こころ》みとしての貿易結社（会社）、亀山社中《かめやましゃちゅう》や海援隊《かいえんたい》、そして新しい国家の基本方針とも言える船中八策《せんちゅうはっさく》は、これまでにはない新しい挑戦

（チャレンジ）にほかなりませんでした。その龍馬自身の人生は志半《こころざしなか》ばで潰《つい》えることになりましたが、龍馬が見はるかした未来は、多くの人々に引き継《つ》がれていったのです。

チャージ・チェンジ・チャレンジの実際――閉塞《へいそく》した状況を打ち破る

ここで実際に、「魂の学《がく》」を学びながら、チャージ・チェンジ・チャレンジの歩みに挑戦しているお一人をご紹介しましょう。

近畿地方でホームセンターチェーンの経営をされている安川孝信《やすかわたかのぶ》さん（六十代、仮名）は、二〇〇四年から始まった、神戸市長田《ながた》区への出店に関して、大きな試練を受けることになりました。

長田区の再開発事業は、阪神《はんしん》・淡路《あわじ》大震災後の神戸復興の一環《いっかん》として神戸市が進めたものであり、コンペ形式によって出店企業が選ばれることになっていました。そこで居並《いなら》ぶ有名企業の中で出店を勝ち取ったのは、全国的には無名と言ってもよい安川さんのホームセンターだったのです。

しかし、実際に開店してみると、なかなか業績は上がらず、しかも、開店一年後には計画案に示した温泉施設の開設を果《は》たさなければなりませんでした。温泉施設は、市側から要望はあったものの、これまで長田区では一度も温泉掘削《くっさく》に成功した事例がなく、多くの大企業の計画案からは最初から除外されているものでした。

しかも、温泉の掘削は、一カ所の試掘《しくつ》で一億円もの多額のコストがかかるという多大なリスクを抱《かか》える試《こころ》みで、安川さんにとっては、これまで経験したことのない圧迫となったのです。

安川さんは、この試練から、まさにチャージ・チェンジ・チャレンジの呼びかけを聴いて、それに応《こた》えることになりました。

「恩返《おんがえ》しをしたい」——チャージの呼びかけに応《こた》える

まず、この試練は、安川さんにチャージを呼びかけていました。安川さんの願いは何なのか、本当に大切にしたいものは何なのか、魂願《こんがん》はどういうものなのかを問いかけていたのです。

そもそも、安川さんは、なぜ大きなリスクを冒《おか》してまで、あえて長田《ながた》区への出店を考えたのでしょうか。

それには理由がありました。幼《おさな》い頃、当時はまだ戦時中で、安川さんは、神戸の長田区から学童疎開《がくどうそかい》をしていた子どもたちとよく遊んでいたことがあり、縁《えん》を感じていた土地でした。そして、一九九五年の阪神《はんしん》・淡路《あわじ》大震災でもっとも甚大《じんだい》な被害を受けた長田区に対して、幼い頃の思い出に応えるように、「何か恩返しをしたい」という気持ちがあったのです。

あえて温泉施設を出店案に組み込《こ》んだのも、この地域の方々に元気になっていただくためには必要だと考えたからです。

かつて、長田区には二百メートルくらいの間隔で銭湯《せんとう》が並び、多くの人が寄り合い、ひとときを共にしていました。安川さんは、震災でなくなってしまった銭湯に代わるコミュニティの場をつくりたいと願ったのです。

その願いは、思いがけず実現することになります。

建物のすぐ脇《わき》を掘削《くっさく》したところ、何と一度でミネラルを豊富に含《ふく》む熱い源泉《げんせん》を掘り当ててしまったのです。それは、神様からの励《はげ》ましのように思えました。

安川さんが会社経営において一番大切にしていること――。それは、このときの「恩返し」にも込められていたように「地域を励まし、元気にしたい」という願いです。安川さんの会社の社員の九〇%がその地域からの採用であることは、その証《あかし》でしょう。

それぞれの店舗《てんぽ》においては、「できるだけ地元の長男を採用する」という方針が取られています。それは、家族を守り、地域を守るという志《こころざし》を抱《いだ》いて働いてくれると思ったからであり、そのような志を大切にするためにも、採用時の基準は学歴や成績ではなく、何よりも仕事が好きであることと定めているのです。

そして、地元の商店街との関わりも同様です。通常、大型店舗の進出は地元商店街にとって脅威《きょうい》となり、実際、そのために衰退《すいたい》してしまった商店街も少なくありません。しかし、安川さんは、地元との共存、棲《す》み分けを願って、常《つね》に地元と相談しながら、地域全体が活性化するように、丁寧《ていねい》に対応しているのです。

経営者としてスタートした頃、安川さんは一時、アメリカのチェーンストア理論に基《もと》づく経営に傾倒《けいとう》したことがありました。それは、いかにしたら、もっとも効率よく利益を拡大することができるかが体系化された経営理論でした。つまり、目的は「利益の拡大」であり、その手段を教えてくれるものだったのです。

しかし、その理論を実践しても、当時の会社は決してよくなりませんでした。トラブルが跡《あと》を絶《た》たず、毎日店舗で問題が起こり、一つの問題を解決すると次の問題が生じ……というように、まるでモグラ叩《たた》きのような状態でした。その限界感の中で、安川さんは「魂の学《がく》」に基づく経営と出会うことになったのです。

そこでは、何よりも「目的」が違っていました。

チェーンストア理論の経営の目的は利益の拡大であったのに対し、「魂の学」に基づく経営では、利益の追求は一つの手段に過ぎなかったのです。そして、「魂の学」との出会いの中で安川さんが見出《みいだ》した「目的」は、この「地域を励まし、元気にしたい」という願いだったのです。

独走型から響働型《きょうどう》のリーダーへ——チェンジの呼びかけに応《こた》える

では、この試練が呼びかけたチェンジとは、どのようなことだったのでしょうか。

実は、この試練のまっただ中にあるとき、私は安川さんに「これまでの安川さんは、一人で頑張《がんば》って会社を引っ張り、事態を切り抜《ぬ》けてきましたね。しかし、今回の試練は一人で乗り越えることはできません。響働型のリーダーへの転換のときではないでしょうか」とお話ししたことがありました。

安川さんは、この言葉をチェンジの呼びかけと受けとめたのです。

「響働」とは、周囲の人々と一緒に響き合うように協力し合うことです。響働型への転換とは、何よりもまず、社員との間にグループ力を生み出すことにほかなりません。そしてそれは、顧客《こきゃく》との信頼関係を深めることでもあるでしょう。

安川さんがこの呼びかけをどのように聴いてゆかれたのか、そのいくつかを見てゆくことにしましょう。

①「聴くマネジメント」

上意下達《じょういかたつ》で社員を叱咤激励《しったげきれい》しながら、自分の思うようにならない事態には悶々《もんもん》とし、我慢《がまん》の限界がくると爆発してしまう。独走型の経営者だった安川さんは、かつてそれを繰《く》り返していました。我慢するか、切れるか、その二者択一《たくいつ》になってしまい、社員に本心で語ることがなかなかできなかったのです。

たとえば、こんなことがありました。

ある部下の悠長《ゆうちょう》さが気になって仕方がないが、かと言ってそのことを率直《そっちょく》に言うこともできず、言おうか言うまいかずっと葛藤《かっとう》を抱《かか》え続け、その部下と一緒の酒宴《しゅえん》の席で、言うことを我慢してお酒とウーロン茶をがぶ飲みし、ついに腹痛で病院に担《かつ》ぎ込《こ》まれることになってしまったのです。

そうなってしまう原因は、自分の受信の仕方、つまり「聴く」ことができないことにあると気づいた安川さんは、社員との関係を転換するために、何よりも「聴く」という姿勢を大切にするようになりました。会議でも出会いでも、まず話をよく聴く。それができるようになるにしたがって、本心で語ることもできるようになっていったのです。

そして、不思議なことに、安川さんが実践したこの「大切に聴く」という姿勢は、会社全体に広がってゆき、今や「聴くマネジメント」が会社の方針になっているほどです。

② 「心の稼働率《かどうりつ》の向上」

かつて安川さんは、「社員を教育するよりも自分一人でやった方が手っ取り早い。教育は面倒だ」と思って、「ああせい、こうせい」と命令指示を出すばかりだったと言います。

しかし、安川さんは、今、社員一人ひとりがいきいきと仕事をし、自分の可能性を発揮できるように、「魂の学」で「煩悩地図《ぼんのうちず》」と呼ぶ人間理解の方法（一九六頁を参照。詳《くわ》しくは拙著《せっちょ》『あなたが生まれてきた理由《わけ》』九八～一一五頁などを参照）に基《もと》づいて改善を試《こころ》みているのです。

それぞれの煩悩のタイプによって、弱点も可能性も違います。その人の可能性が発揮されるためには、深い人間理解が必要になります。

たとえば、快《かい》・衰退《すいたい》の人がチームリーダーになると、なかなか方針を出せずに停滞《ていたい》してしまうことがあります。実際に快・衰退の傾向を持つ中間管理職のA氏は、ためらい時間が長く、決断ができなくなる傾向を抱《いだ》いていました。そんなA氏に対して安川さんは「三十分悩んだら、すぐに誰《だれ》かほかの人に相談してみること」とアドバイスし、A氏はそのアドバイスを実行する中で、リーダーとして成長してゆくことになりました。

安川さんは、A氏ばかりではなく、社員一人ひとりと対話を重ね、心の交通整理をつけて「心の稼働率を上げる」ことにより、会社全体の活力を引き上げていったのです。

③「適正利益の追求」

両親から「守銭奴《しゅせんど》になるな」と言われて育った安川さんは、利益にこだわらないことをよしとしているところがありました。それは、ある意味で個人商店の経営感覚を引きずったまま、規模の大きな会社を経営してきたということでもあったのです。

そんな安川さんにとって、独走型から響働型への転換は、個人商店経営から本当の意味での企業経営に転換するということでもありました。

「企業を経営するとは、そこに関わる顧客《こきゃく》や株主《かぶぬし》の利益、そして社員の利益とその家族の人生を守ることでもある。それらを守るために利益を上げる。それは、ただ利益を追求するのとは違う。会社を守るために、そこに関わる人々の生活と人生を守るために、適正利益が出るような経営をするのだ」と、心が定まったのです。

独走型のリーダーから響働型のリーダーへの具体的な転換は、社員との関係を転換する「聴くマネジメント」、一人ひとりの社員の可能性を丁寧《ていねい》に引き出してゆく「心の稼働率の向上」、そして個人商店経営から本当の企業経営への転換を果《は》たす「適正利益の追求」という変化を生み出していったのです。

「魂の学《がく》」に基《もと》づいた経営を実践する——チャレンジの呼びかけに応《こた》える

そして、この試練から安川さんが受けとめたチャレンジの呼びかけとはいかなるものでしょうか。

「魂の学」を学び始めた頃、安川さんは、『魂の学』は、生き方としては多くの智《ち》慧《え》を与《あた》えてくれるだろうが、経営に直接役に立つのだろうか……」という気持ちでした。

しかし、今、安川さんの気持ちは、それとはまったく異《こと》なるものになっています。たとえば、自分の内と外、心と現実は密接につながっているという実感があります。

「自分はこれまでいろいろな業種の商売を経験してきた。その中で、ずいぶん失敗も重ねてきた。そのすべては、自分が外にしか目が向かないときに起こっていた」。そう得心《とくしん》しているのです。

そして、「魂の学」に基づいた経営、すなわち、人間を魂の存在として受けとめる人間観、世界観に基づいた経営を実践することが、今回の試練を通じて、安川さんが受けとめたチャレンジ＝挑戦であったように思います。

今回の試練の中で、業界トップとも言えるいくつかの企業が競合《きょうごう》するような形で、次々と出店攻勢をかけてきたとき、融資元《ゆうしもと》の大銀行から「早く合併や部門の売却《ばいきゃく》をしないと融資条件を厳《きび》しくする」と何度も迫《せま》られました。

しかし、安川さんはこう考えたのです。

「もし、合併ということになれば、今の社員は全国転勤ができない地元の長男が多いので、その八割は解雇《かいこ》されることになる。地域に貢献《こうけん》するというわが社の目的に照《て》らして、それはできない」

そして、どんなに厳しくてもリストラを行わないことを決意したのです。そのために、今まで外注してきた仕事の何割かを会社内で行ったり、お客様の送迎《そうげい》や新しい部門を創設《そうせつ》したりするなど、工夫に工夫を重ねて一人のリストラも出さないことにこだわりました。

こうした姿勢は、地域から高く評価され、受け入れられてゆくことになります。大手の銀行は融資に慎重《しんちょう》でしたが、普段《ふだん》からお店の様子を直《じか》に知っているいくつもの地元の銀行が、「私たちは、あなたのお店にいつも買い物に行っている。あの店が簡単につぶれるわけがない」と言って、融資を申し出てくださったのです。

そして、地元との交流はさらに盛んになり、町づくり委員会、町内会など、二十数団体と様々な協力関係を結ぶに至《いた》り、地元の行事やイベントがあると、安川さんの会社が協賛する。何かあると、いつも「ちょっと来てくれ」と招待を受ける。今や地域の人々は、安川さんの会社の応援団であると言ってもよいほどです。

そのような協力の中で、さらに安川さんの店舗《てんぽ》は、地域の産地から直の買い付けを行う試《こころ》みも始めました。「鮮度《せんど》が違う」と好評を博《はく》し、お客様のニーズに合わせて商品の調整ができることは、安川さんの会社ならではの強みとなりました。

このようなすべての取り組みの姿勢は、市側からも「これまでいろいろな企業を誘《ゆう》致《ち》したけれど、ここまでやってくれる会社はなかった」と、高い評価を受けることになりました。

厳しい競争の中でも、本当に楽しく買物がしたいというお客様、店員と相談しながらじっくりと本当によい商品を見きわめようとするお客様は、安川さんのお店から離れてゆくことはなかったのです。

試練を前にして、このように、まず自分の内を見つめてその転換をはかり、呼びかけを聴くことができる経営者は、決して当たり前の存在ではないでしょう。

安川さんは、この試練の中で、宇宙《ユニバース》の次元、大いなる存在からのメッセージ、コーリング（Calling）を聴き、それに応える歩みを続けているということなのです。

エピローグ――「魂の冒険者」が創造と再生のうねりを起こす

宇宙《ユニバース》とつながる一人だからこそ

私たちは誰《だれ》もが、その人生を、両親、兄弟などの家族やごく親しい人間関係から始めます。

生涯《しょうがい》に出会う人は千人くらいで、その中で親しい人間関係を結ぶのは多くて百人、数十人という人も少なくはありません。日常空間と言えるのも、自分が住んでいる町と勤務先の界隈《かいわい》、その周辺が中心です。社会に対する関わりと言えば、職場での仕事、ボランティアや地域の活動などが主なものでしょう。

そして、それが「自分の世界」だと感じているのではないでしょうか。

もちろん、中には、数え切れない人々の上に立って一国の動向を決断するような重《じゅう》責《せき》を担《にな》っている方、様々な地域を飛び回って国際的に活躍している方もいらっしゃるでしょう。あるいは、一カ所にとどまっていても、常《つね》に世界の動向に注意を払《はら》い、その現実に応《こた》えている方もいらっしゃるかもしれません。

しかし、圧倒的に多くの人々は、たとえ毎日のようにテレビで日本各地や海外のニュースに接《せっ》し、ネットで世界中の情報に接していても、現実としては、それぞれが実感できる「自分の世界」の中で、自分にできることや自分の生き方を考えているのです。

でも、それは一人ひとりが抱《いだ》いている可能性のごく一部でしかありません。本当は、誰の世界も、限りない広がりを抱いているものです。

政治や経済、また文化における交流がグローバルになったというだけではありません。本書を通じて私たちが一貫《いっかん》して見てきたように、私たちと宇宙との間には揺《ゆ》るぎないつながりがあります。

私たちの身体《からだ》は地球や宇宙と同じ組成《そせい》を持ち、私たちの存在は宇宙の生成《せいせい》そのものと不思議なつながりを抱いています。そして、普段はまったくそう見えなくても、私たちの現実も想像を超えたつながりによって支《ささ》えられています。

宇宙の成り立ちを調べれば調べるほど、そこに生命が誕生し、人間が登場することは、奇跡《きせき》的な事実であることが見えてきます。そればかりか、今ある宇宙は、私たち人間を生み出そうとしていたとしか言いようがないほどです。生命も人間も、宇宙に現れるべくして現れ、生きるべくして生きている——。

私たちを支える世界は、ありふれたものでも、限られたものでもありません。私たちは、見える次元だけではなく、見えない次元をも含《ふく》めた、つながりに満《み》ちた宇宙《ユニバース》の一部であり、それ自身なのです。

だからこそ、私たち人間は、自分が生きる世界に起こるすべてのことに応えることができるのです。「宇宙《ユニバース》とつながる自分」に目覚《めざ》めることは、何が起こっても動じることなく受けとめ、そこに道を開いてゆく深さを獲得《かくとく》することにほかなりません。

いかなる限界をも超えてゆく「魂の冒険者」

改めて考えるまでもなく、どのような人生にも、私たちを脅《おびや》かす様々な壁《かべ》が立ち現れます。

学生時代ならば、学業の困難さや友人とのトラブル、受験の失敗や就職活動の挫《ざ》折《せっ》。社会に出てからも、仕事上の課題、人間関係の難《むずか》しさ、また職場を取り巻《ま》く問題や会社自体の危機《きき》が立ち現れるかもしれません。家庭においても、夫婦の不和《ふわ》、子どもたちのいじめや非行、引きこもりなど、様々に深刻な壁を抱《かか》える可能性がありま す。事態の詳細に立ち入るなら、その一つ一つはどれもが、決してひとくくりにはできないような、手にあまるほどの重さを抱えているものです。

プロローグで取り上げた、わが国が現在直面している衰退《すいたい》と停滞《ていたい》の状況も、様々な壁の延長線上にある巨大な壁と言えます。そして、その巨大な壁は、これからも形を変えて私たちの前に立ちはだかることになるでしょう。

すでに、私たちの社会がこれまで以上のさらなる変動に見舞《みま》われ、大きな問題を抱える可能性も指摘されています。経済では、大恐慌《だいきょうこう》時代の不況が再来《さいらい》し、中国経済のバブルも崩壊《ほうかい》することがささやかれています。そうなれば、わが国の経済も、人々の生活も、一層厳《きび》しい状況に追い込《こ》まれざるを得ません。

つまり、個人の人生における壁から国や世界が抱える壁に至《いた》るまで、私たちは常《つね》に困難と試練にさらされ、その前で自らの限界を突《つ》きつけられることになるということです。そこで、自分の限界を思わない人は、まずいないでしょう。

壁の前で、果《は》たして自分はこの壁を乗り越えることができるだろうかと自問《じもん》し、もう自分にはどうすることもできないと立ち尽《つ》くすこともあるかもしれません。

しかし、そのようなときこそ、私は、本書が示す宇宙《ユニバース》とのつながりを取り戻《もど》す人間観、人生観を心に抱《いだ》いていただきたいのです。そして、それを拠《よ》りどころとして、「魂の冒険者」としての一歩を踏《ふ》み出していただきたいと願わずにはいられないのです。

そのとき、本書はこう語りかけるでしょう。

いかなる壁の前でも、あなたには、歩むことができる一本の道がある。

あなたは、投げたり、あきらめたりすることなく、魂が抱く叡智《えいち》を注《そそ》いで、最善の事態を導く道を選ぶことができる。

なぜなら、その壁は、大きな壁であるほど、あなたに、過去・現在・未来からの切実な呼びかけを届《とど》けているからだ。それを受けとめるなら、あなたは、事態の核心《かくしん》に肉迫《にくはく》し、最善の道に近づいてゆくことができるだろう。

そして、新たなヴィジョン（願い）を描《えが》き、それを心の中心に刻《きざ》むことができるはずだ。それが、これからのあなたの重心になってくれるだろう。

もちろん、人間が光と闇を分化する存在であることを忘れてはならない。自らの内なる闇を浄化し、それを光に転じ、菩提心《ぼだいしん》をもって取り組み続けることだ。そうすれば、世界に流れる「指導原理」の力を自分に引き寄せることができ、あなたは必ず、最善の道を歩んでゆくことができるだろう――。

これは、本書に示された人生観、魂と人生の法則の一端《いったん》を言葉にしたものですが、こうした展望《てんぼう》をもって行動できることは、私たちにとって、どれほど大きな力となり、励《はげ》ましとなるでしょうか。新しい世界を開いて生きようとする人たちにとって、それは決定的なことだと私には思えるのです。

これまで、数え切れないほど多くの方々との出会いに恵まれた私が確信していることがあります。

それは、世界の様々な場所で、本当の意味で重要な仕事を生み出し、大切なはたらきにおいて重きをなす人は、結局、人々と世界のために、多くを心配し、苦しんで、人間と世界の関係を深く見つめてきた方だということです。そして、決して希望を失《うしな》うことなく闘《たたか》い続け、菩提心の光を発《はっ》してきた方であるということです。

そのような方々には、必ず、その生き方を支《ささ》える揺《ゆ》るぎない中心軸《じく》、生き方の土台となる人生観とも言うべきまなざしがありました。

「魂の冒険者」が創造と再生のうねりを起こす

かつて長い間、陸上競技の百メートル走では、十秒以下で走ることが夢《ゆめ》の記録と考えられていました。私が八歳のときに開催された東京オリンピックで優勝したアメリカのボブ・ヘイズ選手の記録は十秒〇六。それでも、力強い走りで他を圧倒《あっとう》していたのを覚《おぼ》えています。

しかし、その四年後、一九六八年にアメリカのジム・ハインズ選手が九秒九五という記録を出すと、その後、次々に九秒台で走るランナーが出現し、二〇〇九年には、ジャマイカのウサイン・ボルト選手が何と九秒五八という記録を打ち立てました。

スポーツの世界では、しばしば、それまで不可能と思われていた記録を誰《だれ》かが打ち破《やぶ》ると、その壁《かべ》を乗り越える選手が次々に現れるということが起こります。

どうしてそのようなことが起こるのでしょうか。競技に関する技術が進歩したからでしょうか。それとも、以前にも増《ま》して厳《きび》しい練習によって、肉体を鍛《きた》え上げたからでしょうか。そうした要素がないとは言えません。

しかし、それ以上に、人間の中にある可能性を再認識することによって、つまりこの場合で言えば、「人は、十秒以下で走ることができる」と多くの選手が思えたことが、困難な限界を乗り越えさせ、もともと抱《いだ》いていた力を引き出したのです。彼らはまるで地下でつながっているかのように、その「時」を感じ、可能性を引き出してゆきました。

限界を超えて、実際に走った一人が、内なる可能性の証《あかし》を掲《かか》げ、それを確信した選手たちが後に続きました。一人の挑戦が、そこに連《つら》なる幾多《いくた》の挑戦の連鎖《れんさ》を呼び起こしていったのです。

本書が伝えようとしている「魂の冒険」も同じです。

私は、魂と人生の法則を理解し、それを現実世界の中で実践して「魂の冒険者」として歩み始める方々、またそれによって「ユニバース体験」を起こす一人ひとりが、「人間は十秒以下で走ることができる」と声を上げるランナーだと思っています。

その方々が生きて証《あか》しているのは、人間の中にあるのに、今まで隠《かく》れていて見えなかった新たな生き方であり、その限りない可能性にほかなりません。

実際に、私の周囲では、「魂の冒険者」と呼ぶべき方々の生きる姿に触れた人たちの中から、新たな連鎖が起こり始めています。

人間はこれほどまでに変わることができるのか。

こんな試練に対して、このように生きられるのか。

断絶《だんぜつ》していた人との絆《きずな》を、こうやって再生することができるのか。

一人の変革が、これほど全体の気配《けはい》を変えてしまうのか。

それなら、私も挑戦してみよう。私もそのように生きてみたい――。

同じように歩み始める人たちが次々に続いているのです。

一人ひとりが「魂の冒険者」として「ユニバース体験」を起こすとき、そのエネルギーは、二倍にも三倍にもなって現実を変えてゆきます。

それが、一万人、十万人、百万人という単位で広がるなら、共鳴《きょうめい》する光のエネルギーは、想像を超える力となって、波紋《はもん》が広がるように世界に影響を及《およ》ぼしてゆくでしょう。これまでとはまったく違った魂の感覚、魂の力によって、世界の隅々《すみずみ》に新しい現実が生まれ、創造と再生のうねりを起こしてゆくのです。

本書を手に取られたあなたが、自らの内なる世界を解放し、宇宙《ユニバース》に連《つら》なる存在として歩み始めることを、時代と世界は待っています。

そして、私も、あなたが「魂の冒険者」の一人として立ち上がり、あなたが生きる場所に新たな連鎖を呼び起こされることを、心より願ってやみません。

高橋佳子

◎参考文献（書名50音順）

『生きて愛するために』（辻邦生著、メタローグ）
『グランマ・モーゼスの贈りもの』（秦新二編著、文藝春秋）
『決断力』（羽生善治著、角川書店）
『ゲーテとの対話』（ヨーハン・P・エッカーマン著、山下肇訳、岩波書店）
『齋藤秀雄・音楽と生涯』（財団法人民主音楽協会編、芸術現代社）
『坂本龍馬全集』（平尾道雄監修、宮地佐一郎編述、光風社）
『死刑囚 島秋人』（海原卓著、日本経済評論社）
『シンクロニシティ』（F・D・ピート著、朝日出版社）
『神話の力』（ジョゼフ・キャンベル、ビル・モイヤーズ著、飛田茂雄訳、早川書房）
『天才たちは学校がきらいだった』（トマス・G・ウェスト著、久志本克己訳、講談社）
『福祉の哲学』（阿部志郎著、誠信書房）
『プラトン全集』（田中美知太郎・藤沢令夫編集、岩波書店）
『モーツァルトづくし』（ジョゼフ・ソルマン著、河津一哉訳、文藝春秋）
『夢十夜』（夏目漱石著、岩波文庫）
『我、汝に為すべきことを教えん』（アーサー・M・アーベル著、吉田幸弘訳、春秋社）

◎本書の内容をさらに深く知りたい方へ

本書の内容をさらに深く理解したいと思われる方には、高橋佳子氏が提唱する「魂の学」を学び実践する場、GLA があります。
詳しくは下記までご連絡ください。

GLA(God Light Association)
〒111-0034 東京都台東区雷門2-2-6　Tel.03-3843-7941
http://www.gla.or.jp/

また、高橋佳子氏の講演会が、毎年、全国各地で開催されています。
詳しい開催概要等については、以下までお問い合わせください。

高橋佳子講演会実行委員会
お問い合わせ専用ダイヤル Tel.03-5828-1587
http://www.keikotakahashi-lecture.jp/

著者プロフィール

高橋佳子（たかはし けいこ）

1956年、東京生まれ。

幼少の頃より、人間は肉体だけではなく、目に見えないもう一人の自分――魂を抱く存在であることを体験し、「人は何のために生まれてきたのか」「本当の生き方とはどのようなものか」という疑問探求へと誘われる。

『心の原点』『人間・釈迦』などの著書で知られる父・高橋信次氏とともに真理（神理）を求める歩みを重ねた後、多くの人々との深い人間的な出会いを通じて、新たな人間観、世界観を「魂の学」――TL（トータルライフ）人間学として集成。現在、精力的に執筆・講演活動を展開しながら、TL経営研修機構、TL医療研究会、TL教育研究会などで様々な分野の専門家の指導にあたる。また、GLAでは、あらゆる世代の人々に向けて数々の講義やセミナーを実施する一方で、魂の次元に触れる対話を続けている。1992年より各地で開催している講演会には、これまでに延べ53万人が参加。主な著書に『*Calling* 試練は呼びかける』『12の菩提心』『運命の方程式を解く本』『新・祈りのみち』『あなたが生まれてきた理由』をはじめ、教育実践の書『レボリューション』『心のマジカルパワー』などがある（いずれも三宝出版）。

魂の冒険　答えはすべて自分の中にある

2010年10月1日 初版第一刷発行

著　者　高橋佳子
発行者　高橋一栄
発行所　三宝出版株式会社
〒111-0034 東京都台東区雷門2-3-10
電話 03-5828-0600　http://www.sampoh.co.jp/
印刷所　株式会社アクティブ
装　幀　長澤昌彦（Mahiko）

ISBN978-4-87928-061-9